खेल पत्रकारिता

पत्रकारिता एवं जनसंचार ग्रन्थमाला-5

खेल पत्रकारिता

सुशील दोषी
सुरेश कौशिक

सम्पादक
रामशरण जोशी

राधाकृष्ण प्रकाशन

ISBN : 978-81-7119-848-1

खेल पत्रकारिता

पहला संस्करण : 1992
परिवर्तित और परिवर्द्धित संस्करण : 2003
तीसरा संस्करण : 2019
This book is printed on **Print on Demand** Technology : 2024

मूल्य : ₹595

प्रकाशक
राधाकृष्ण प्रकाशन प्राइवेट लिमिटेड
जी-17, जगतपुरी, दिल्ली-110 051

शाखाएँ : अशोक राजपथ, साइंस कॉलेज के सामने, पटना-800 006
पहली मंजिल, दरबारी बिल्डिंग, महात्मा गांधी मार्ग, प्रयागराज-211 001
1, अनमोल सोराबजी संतुक लेन, धोबी तलाव, मरीन लाइंस, मुम्बई-400 002
वेबसाइट : www.radhakrishnaprakashan.com
ई-मेल : info@radhakrishnaprakashan.com

KHEL PATRAKARITA
by Sushil Doshi & Suresh Kaushik
Edited by Ram Sharan Joshi

मेरे जीवन के आदर्श
आदरणीय बाबूजी व
मम्मी को सादर
समर्पित

दो शब्द

आजकल मीडिया में क्रिकेट इस कदर छाया हुआ है कि वह खेल का पर्याय-सा बन गया है। सौभाग्यवश इस देश के कुछ हिस्से में, कुछ व्यक्तियों में, और दुनिया के बहुत से देशों में अलग-अलग प्रकार के खेलों की लोकप्रियता खेल के व्यापक फलक को सही ढंग से उजागर करती है। खेल की पत्रकारिता के लिए एक अच्छे पत्रकार के सभी गुण होने चाहिए परन्तु उसके अलावा खेल के क्षेत्र की विशिष्टताओं को ध्यान में रखते हुए कुछ और बातें जरूरी हैं। खेल पत्रकारिता केवल वर्णनात्मक नहीं है। उसमें विश्लेषण और मौलिकता के लिए एक बड़ा दायरा उपलब्ध रहता है। खेल अपने आप में दिलचस्प होता ही है परन्तु समाचारपत्रों में उसकी प्रस्तुति उसे और अधिक दिलचस्प या सामान्य बना देती है। खेल के रस और आनन्द को शब्दों के माध्यम से ऐसे पेश करना जिसमें खेल देखने से अधिक उसका समाचार पढ़ने में रस और आनन्द आए, सफल खेल पत्रकारिता का मापदंड है।

अच्छी खेल पत्रकारिता के लिए जरूरी ज्ञान और कौशल देनेवाली यह पुस्तक उन सबके लिए उपयोगी होगी जो खेल के निरन्तर लोकप्रिय हो रहे क्षेत्र में अपनी पहचान बनाना चाहते हैं।

जून, 2003

—शरद चन्द्र बेहार
महानिदेशक

प्राक्कथन (प्रथम संस्करण)

यह पुस्तक क्यों ?

आजादी मिलने के बाद हिन्दी भाषा और साहित्य बहुत समृद्ध हुआ है और उसमें अभिव्यक्ति की क्षमता व अभिव्यक्ति का दायरा बढ़ा है। लेखन में विविधता भी आई है, तथा विज्ञान अथवा दर्शन से सम्बन्धित अनेक विषयों पर हिन्दी में बहुत कुछ लिखा जाने लगा है, लेकिन कड़वी सच्चाई यह है कि आज भी कई विषयों के अध्ययन के लिए अधिकतर अंग्रेजी भाषा में लिखी गई पुस्तकों का सहारा लेना पड़ता है। पत्रकारिता एवं जनसंचार जैसे विषयों पर भी हिन्दी में पाठ्य एवं सन्दर्भ पुस्तकें बहुत कम हैं। जो हैं, उनमें से जिन्हें पूर्ण कहा जा सके, ऐसी पुस्तकें नगण्य हैं। इसीलिए माखनलाल चतुर्वेदी राष्ट्रीय पत्रकारिता विश्वविद्यालय ने अपने उद्देश्यों एवं कार्यक्रमों में इस बात को महत्त्व दिया है कि वह हिन्दी एवं अन्य भारतीय भाषाओं में पत्रकारिता, जनसंचार तथा विज्ञापन सम्बन्धी पाठ्य-पुस्तकें एवं सन्दर्भ-ग्रन्थ तैयार कराएगा। कोशिश तो यही है कि हिन्दी में मौलिक ग्रन्थ लिखे जाएँ, लेकिन अधिकृत माने जानेवाले कुछ ग्रन्थों का अंग्रेजी या दूसरी

भाषाओं से हिन्दी में रूपान्तर भी कराया जाएगा ताकि उच्च स्तर पर अध्ययन के लिए हिन्दी में पर्याप्त सामग्री उपब्लध हो सके। इससे शोध के कार्य को बढ़ावा मिलेगा तथा भाषा की कठिनाई के कारण उच्च अध्ययन की कठिनाई भी दूर हो सकेगी। मौलिक लेखन को प्रोत्साहित करने के लिए यह जरूरी है।

इस उद्देश्य की पूर्ति के लिए हमारा कार्य शुरू हो चुका है। फिलहाल तीन कार्यक्रम हाथ में लिए गए हैं–(1) पाठ्य-पुस्तकों का प्रकाशन, (2) सन्दर्भ-ग्रन्थों का प्रकाशन, और (3) देश में जनजागृति, समाज सुधार एवं राष्ट्रीय उत्थान के क्षेत्र में उल्लेखनीय योगदान देनेवाले अखबारों और लेखनी के धनी पत्रकारों पर पुस्तकों का प्रकाशन। इसमें सभी भारतीय भाषाओं के ख्यातनामा पत्रों एवं पत्रकारों पर लिखा जाएगा। तीनों ही प्रकार की पुस्तकों के लेखन में हमने तत्परता से पहल की है और यह पुस्तक पाठकों के हाथ में सौंपते हुए हमें अत्यधिक हर्ष हो रहा है। विद्यार्थी को इससे विशेष लाभ होगा। नए विषयों की पुस्तकें तैयार होते ही प्रकाशित होगीं। साधन सुलभ होते ही इन पुस्तकों का रूपान्तर दूसरी भारतीय भाषाओं में शुरू किया जाएगा। इसी क्रम में अन्य भारतीय भाषाओं की इन विषयों की महत्त्वपूर्ण पुस्तकों का हिन्दी में रूपान्तर कराया जाएगा। इससे भारतीय भाषाओं में परस्पर आदान-प्रदान से आपसी तालमेल स्थापित होगा तथा वे अधिक समृद्ध एवं सक्षम बनेंगी।

अपनी स्थापना के पहले ही वर्ष में इस विश्वविद्यालय ने इस महत्त्वाकांक्षी योजना को हाथ में लिया है, जिससे देश के अन्य हिस्सों के विद्यार्थी भी लाभान्वित होंगे। पत्रकारिता के व्यवसाय में लगे मित्र खासकर नए पत्रकार भी इससे लाभ उठा सकेंगे। हमारी योजना फेलोशिप देकर कुछ उपयोगी एवं आवश्यक विषयों पर बड़े ग्रन्थ तैयार कराने की भी है। इस प्रकार पत्रकारिता एवं जनसंचार की विधाओं में कुशलता बढ़ाने में तथा उन्हें ज्यादा ऊँचाई पर पहुँचाने में मदद मिलेगी।

इस पुस्तक को तैयार करने में लेखक के अलावा इस विश्वविद्यालय के मेरे सभी सहयोगियों ने बहुत कम समय में सारे कार्य को अंजाम दिया है। वे सभी बधाई के पात्र हैं। प्रकाशक मित्रों ने जिस उत्साह से कम समय में छपाई का काम किया, वह प्रशंसनीय है।

भोपाल
1992

–राधेश्याम शर्मा
पूर्व महानिदेशक

विषय-सूची

सम्पादकीय

अन्य क्षेत्रों की भाँति पत्रकारिता के क्षेत्र में भी विशेषीकरण की संस्कृति लोकप्रिय हुई है। जब आज पत्रकारिता के क्षेत्र में आर्थिक पत्रकारिता, विज्ञान-प्रौद्योगिकी पत्रकारिता, कृषि पत्रकारिता, पर्यावरण पत्रकारिता, विकास पत्रकारिता, रक्षा व युद्ध पत्रकारिता आदि स्वतन्त्र अनुशासनों के रूप में अस्तित्व में आ चुके हैं तब खेल पत्रकारिता क्यों पीछे रहने लगी ? वास्तव में खेल पत्रकारिता का अस्तित्व मुख्यधारा की पत्रकारिता से हमेशा से स्वतन्त्र रहा है। राष्ट्रीय अखबारों से लेकर क्षेत्रीय अखबारों तक में सदैव स्वतन्त्र 'खेल डैस्क' रही है। बड़े, मँझोले और लघु पत्र-पत्रिकाओं में खेल गतिविधियों के कवरेज के लिए हमेशा ही स्थाई रूप से स्थान सुरक्षित रखा गया है। इसके अतिरिक्त खेल सम्पादक, खेल संवाददाता, खेल स्तम्भ लेखक जैसी कई श्रेणियाँ खेल पत्रकारों की उभरी हैं। कतिपय मीडिया संस्थानों ने समय-समय पर (टूर्नामेंट्स) को प्रायोजित कर खेल पत्रकारिता को लोकप्रिय बनाने में अपना योगदान भी किया है। भारतीय अखबार और न्यूज चैनल अपने खेल प्रतिनिधियों को ओलम्पिक, एशियाड, राष्ट्रमंडलीय खेल जैसी विश्व स्तरीय खेल घटनाओं के कवरेज के लिए विदेश भी भेजते हैं। पाठक और दर्शक ऐसे कवरेजों को काफी पसन्द भी करते हैं।

खेल और खेल पत्रकारिता के महत्त्व को ध्यान में रखकर ही प्रसार भारती ने खेलों का एक 'स्वतन्त्र खेल चैनल' भी शुरू किया। वैसे कई ऐसे विदेशी चैनल हैं जो खेल जगत के लिए पूरी तरह से समर्पित हैं। इन चैनलों पर विश्व के किसी भी कोने में होनेवाली खेल गतिविधियों (क्रिकेट, फुटबाल, टेबिल टेनिस, बैडमिंटन, हॉकी, पोलो, गोल्फ, बेसवाल, बॉस्केट बाल, लॉन टेनिस, बॉलीबाल, आइस हॉकी, जैवलिन थ्रो, विलियर्ड्स, साइकिल रेस, मोटर रेस आदि) के कवरेज व्यापक रूप से दिखाए जाते हैं। वर्ष 2003 में दक्षिण अफ्रीका में आयोजित विश्व क्रिकेट प्रतियोगिता के कवरेज ने खेल पत्रकारिता को बहुआयामी बना दिया है। आज खेल पत्रकारिता पहले की तरह सामान्य और सस्ती नहीं रही है। अब यह बेहद खर्चीली बन चुकी है इस हाईटेक के युग में खेल पत्रकारिता के खेत्र में सफल होने के लिए उच्च स्तरीय दक्षता और बहुआयामी खेल पत्रकार बनने की आवश्यकता है। अब खेल पत्रकार से यह भी अपेक्षित है कि वह खेल के अर्थतन्त्र को भी समझें क्योंकि भूमंडलीकरण के परिवेश में खेल-दुनिया में बहुराष्ट्रीय पूँजी की भूमिका को नजरअंदाज नहीं किया जा सकता। विज्ञापन एजेंसियों की भूमिका ने खेल पत्रकारिता को कई स्तरों पर प्रभावित भी किया है। विशेष रूप से चैनल की खेल पत्रकारिता अधिक प्रभावित हुई है। इसलिए खेल पत्रकारिता को सतही दृष्टि से नहीं देखा जाना चाहिए। खेल पत्रकारिता के अन्तर्गत ही कई प्रकार के विशेषीकरण की आवश्यकता आज महसूस की जा रही है। उदाहरण के लिए, यह आवश्यक नहीं है कि क्रिकेट को कवर करनेवाला पत्रकार फुटबाल को भी उसी दक्षता के साथ कवर करें। गोल्फ और हॉकी, दोनों का कवरेज विशेषीकृत पत्रकारीय दक्षता की माँग करता है। यह बात खेल के अन्य अनुशासनों पर भी लागू होती है।

आज खेल पत्रकारिता पर साहित्य प्रचुर मात्रा में उपलब्ध है। लेकिन दुर्भाग्य से हिन्दी में ऐसे साहित्य का अभाव है। इस कमी को ध्यान में रखकर यह पुस्तक तैयार कराई गई है। यद्यपि इस पुस्तक की अपनी सीमाएँ हैं। फिर भी यह पुस्तक पत्रकारिता के विद्यार्थियों को खेल पत्रकारिता के बुनियादी कौशल से लैस करेगी।

जून, 2003

—रामशरण जोशी

प्रथम खंड

सुशील दोषी

1
खेल पत्रकारिता के सिद्धान्त

आज की दुनिया बड़ी प्रतिस्पर्धा से भरी है। जिन्दगी की रफ्तार तेज है और कामयाबी के पैमाने भी बदले हुए हैं। आज किसी भी क्षेत्र में केवल बेहतर प्रदर्शन ही महत्त्वपूर्ण नहीं होता। सकारात्मक परिणाम महत्त्वपूर्ण होते जा रहे हैं। जिन्दगी की तेज रफ्तार व नित बदलते घटनाक्रम के कारण आदमी की याददाश्त कमजोर होती जा रही है। आज कोई यह याद रखने के लिए तैयार नहीं है कि खिलाड़ी ने खेल कैसा खेला। लोग याद रखना चाहते हैं विजय या जीत, जो सन्तोष ही नहीं उन्माद का आभास भी कराती है।

अपनी ताकत का इजहार करना आदमी की आदिम प्रवृत्ति है। दुनिया चाहे कितनी सुसंस्कृत हो जाए, मनुष्य इस मूल प्रवृत्ति को छोड़ नहीं पाता। पहले कभी द्वन्द्व-युद्ध लड़कर श्रेष्ठता का झंडा गाड़ा जाता था। लेकिन आज के संस्कारी कहे जानेवाले समाज में अपनी ताकत का इजहार करने का तरीका हो गया है–खेल के मैदानों में श्रेष्ठता हासिल करना। जो देश वैज्ञानिक रूप से जितने उन्नत होते

जा रहे हैं, वे खेलों की दुनिया में भी अव्वल आते हैं। इसका मतलब साफ है कि खेलों में कामयाबी केवल प्रतिभा, शारीरिक क्षमता, मेहनत व लगन से ही नहीं आती बल्कि वैज्ञानिक प्रशिक्षण से भी प्राप्त होती है। वैज्ञानिक प्रशिक्षण का अभाव महान सम्भावना को भी मामूलीपन से ऊपर उठने नहीं देता।

खेलों में श्रेष्ठता आत्मसम्मान व गौरव का प्रतीक बन गई है। राष्ट्र प्रतिष्ठा की बात हो गई है खेल की अन्तर्राष्ट्रीय स्पर्धाओं में बाजी मारना। इसलिए आज के सभ्य व सुसंस्कृत समाज में खेलों की बात हर कोई करता है। खेलों के बारे में ज्ञान रखना इज्जत की बात बन गई है।

अतः खेल पत्रकारिता का महत्त्व अत्यन्त बढ़ गया है, खेल पत्रकारों की जिम्मेदारी भी बढ़ी है। खेल साहित्य के जरिये युवाओं में दिलचस्पी पैदा की जा सकती है, जो आगे जाकर खिलाड़ी तैयार करने में मदद देती है। खेल पत्रकार को मैं आम पत्रकार से कुछ भिन्न मानता हूँ। आज जमाना विशेषज्ञों का है। खेल भी एक विशिष्ट विषय है। इसकी एक अलग कला है, एक अलग विज्ञान है। जो इस कला व विज्ञान के मर्म को समझता है, वही खेल पत्रकार बनने के काबिल है।

खेल को दूर-दराज तक ले जानेवाले खेल रिपोर्टर कहलाते हैं। हम सभी आपसी वार्तालाप या वाद-विवादों के वक्त अपने विचार, तथ्य व घटनाएँ आदि बयान करते हैं। हम घटनाओं पर नजर रखकर उनका वर्णन भी करते हैं। कई बार हम अपना दृष्टिकोण भी प्रकट करते हैं। ऐसे किसी भी मामले में हम रिपोर्टर ही तो होते हैं।

पर हममें व पेशेवर पत्रकार में अन्तर होता है। पेशेवर पत्रकार वह होता है जो नियत तनख्वाह पर किसी अखबार या पत्रिका से जुड़ा होता है और जिसकी जिन्दगी इसी तनख्वाह के जरिये गुजरती है। पेशेवर पत्रकार अपने मकसद के प्रति ज्यादा गम्भीर होता है, क्योंकि उसके लिए यह केवल आनन्द का विषय नहीं है बल्कि रोजी-रोटी का जरिया भी है।

खेलों से जुड़ी किसी भी घटना के वर्णन में हमेशा निष्कर्ष पहले लिखा जाता है। निष्कर्ष, परिणाम के महत्त्व को उजागर करने के लिए काफी होते हैं। इसी तरह से आपने देखा होगा कि जब हम खेलों से जुड़ी किसी भी घटना को मुँह-जबानी या लिखकर बयान करते हैं, तो साथ-ही-साथ उसका सम्पादन भी करते जाते हैं। हम ध्यान रखते हैं कि सुननेवाला हमारी बात को कितने विस्तार से या कितने संक्षेप में सुनना पसंद करेगा। यानी हम सभी में सम्पादक का तत्त्व

कहीं-न-कहीं विद्यमान रहता है।

हम सबसे पहले परिणाम को उजागर करते हुए निष्कर्ष बताते हैं। उदाहरण के तौर पर हम कहना चाहते हैं कि आस्ट्रेलिया के रॉड मार्टिन ने छह बार के पाकिस्तानी विश्व स्क्वैश चैम्पियन जहाँगीर खान को विश्व प्रतियोगिता के फाइनल में पराजित किया। हम सर्वप्रथम इसे इस तरह कहेंगे या लिखेंगे– "जहाँगीर खान की सनसनीखेज पराजय।" इस तरह परिणाम उजागर करने के बाद ही बाकी का वर्णन कहा या लिखा जाएगा।

अगर अपना दृष्टिकोण लिखते या सुनाते वक्त हम पाठक या श्रोता का मनोविज्ञान न समझें, तो कभी सफल खेल पत्रकार नहीं बन सकते। इसके लिए जरूरी है कि पाठकों या श्रोताओं की दिलचस्पी का पूरा ध्यान रखें। इसके अलावा यह भी ध्यान रखना होगा कि, कब, कौन सी चीज, कहाँ रखी जाए। सफल खेल पत्रकार बनने के ये मूल गुण हैं। इसलिए इन मुद्दों पर जोर देना बहुत जरूरी है।

एक महत्त्वपूर्ण बात यह भी है कि पाठक अगर बदल रहे हों, तो हमारी शैली व गहराई का पैमाना भी बदल जाएगा। 'धर्मयुग', 'साप्ताहिक हिन्दुस्तान' जैसी अखिल भारतीय स्तर की पत्रिकाओं के लिए लिखते वक्त साहित्यिक तकनीकी पहलुओं का ध्यान रखा जाना चाहिए। 'इंडिया टुडे' जैसी समाचार-पत्रिका के लिए लिखते वक्त घटनाक्रम को ड्रामाई अन्दाज में पूरे तथ्यों के साथ देना चाहिए। इसके लिए रिपोर्टिंग तथ्यपरक व खोजपूर्ण होनी चाहिए। 'नवभारत टाइम्स', दैनिक 'हिन्दुस्तान', 'जनसत्ता' जैसे राष्ट्रीय स्तर के समाचार-पत्रों के लिए रिपोर्टिंग करते वक्त सम-सामयिकता व प्रतिस्पर्धा का ध्यान रखना बहुत जरूरी है। एक की रिपोर्टिंग दूसरे से बेहतर कैसे हो, इसका ध्यान रखा जाए तो इसे हम स्वस्थ प्रतिस्पर्धात्मक पत्रकारिता कहेंगे।

मान लीजिए, सुनील गावस्कर के 29वें टेस्ट शतक के पहले का अवसर है। तमाम पत्रकार व समालोचक उनके कमजोर फार्म को देखते हुए उन्हें संन्यास लेने की सलाह दे रहे हैं। ऐसे वक्त कोशिश यह करनी चाहिए कि किसी तरह सुनील गावस्कर से साक्षात्कार किया जाए। उनके मन की बात जानी जाए व अपनी कहानी के साथ उसे भी जोड़ा जाए। ऐसी रिपोर्टिंग हमेशा दिलचस्प व सामयिक कही जाएगी। फिर सुनील 29वाँ शतक लगाते हैं, तब आपकी पिछले दिन की रिपोर्टिंग का महत्त्व और भी बढ़ जाता है और आपको न केवल आपके साथी व प्रतिस्पर्धी बल्कि खिलाड़ी भी सम्मान की दृष्टि से देखने लगेंगे। पेशे में

सम्मान का सम्बन्ध होता है आत्म-सन्तोष से। और, आत्म-सन्तोष से बड़ा कोई धन नहीं होता।

खेल पत्रकार कई तरह के होते हैं। एक होते हैं पेशेवर खेल पत्रकार, जो किसी पत्र-पत्रिका या अखबार के साथ पूर्णकालिक अनुबन्ध व तनख्वाह के जरिये जुड़े होते हैं। कुछ होते हैं स्वतन्त्र पत्रकार। ये पत्रकार अपने लेख-आलेख विभिन्न पत्र-पत्रिकाओं में भेजते रहते हैं और स्वीकृति व छपने के बाद ही उन्हें पारिश्रमिक मिलता है। कुछ होते हैं विशेषज्ञ। जैसे क्रिकेट का कोई टेस्ट मैच चल रहा हो और भूतपूर्व टेस्ट खिलाड़ी अब्बास अली बेग की टिप्पणियाँ उन पाँच दिनों के लिए छापी जाएँ। भारत में स्वतन्त्र पत्रकार के लिए अभी इतनी सम्भावनाएँ नहीं बनी हैं कि वे सम्मानपूर्वक जीविकोपार्जन कर सकें। कोई बिरले ऐसे होते हैं, पर साधारणतया स्वतन्त्र खेल पत्रकार रहकर गुजारा करना बहुत मुश्किल होता है। बढ़ती महँगाई के साथ खेल लेखकों का पारिश्रमिक समुचित रूप से नहीं बढ़ा है।

फिर एक शौकिया जमात ने रहा-सहा सन्तुलन बिगाड़ दिया है। ये शौकिया लोग धनी परिवार से होते हैं, पर खेलों में अपने ज्ञान के बल पर अखबारों के जरिये अपने-आपको मशहूर करना चाहते हैं। ऐसे कई लोग अपने लेख छपवाने के लिए सम्पादकों की खुशामद करते हैं, साथ ही पारिश्रमिक लिए बगैर लेख छपवाकर संघर्षशील खेल पत्रकारों के वर्तमान व भविष्य के साथ भी खिलवाड़ करते हैं।

खेल पत्रकार के गुण

एक सफल खेल पत्रकार के लिए निम्नलिखित गुण बहुत जरूरी हैं :

—सूक्ष्म व खोजपूर्ण नजर
—खेलों के नियमों की सम्पूर्ण जानकारी
—हिन्दी भाषा का समुचित ज्ञान
—खेलों की तकनीकी शब्दावली का ज्ञान
—खिलाड़ियों व पदाधिकारियों से बातचीत करके सच्चाई कहने का साहस
—सरल भाषा में खेलों की तकनीकी जानकारी देने की क्षमता
—खिलाड़ियों से दोस्ताना रिश्ते रखते हुए भी निष्पक्ष बने रहने की क्षमता
—सम-सामयिकता व पाठकों की दिलचस्पी का ध्यान रखने की प्रवृत्ति
—आत्मविश्वास

—तेज गति से लिखने की आदत।

एक खेल पत्रकार को मैं अन्य पत्रकारों से अलग मानता हूँ क्योंकि खेल पत्रकारों को न केवल भाषा का ज्ञान रखना होता है, बल्कि उस खेल का भी पूरा तकनीकी ज्ञान अर्जित करना होता है, जिसका उसे वर्णन करना है। इसीलिए केवल भाषा के बल पर खेल पत्रकारिता में प्रभावी कार्य नहीं किया जा सकता। मेरे कई पत्रकार व कमेंटेटर मित्र हैं, जो अपने तकनीकी ज्ञान की उपेक्षा करते हैं। पर उन्हें इसके लिए कई बार नीचा देखना पड़ता है। खेल पत्रकार के लिए 'शॉर्ट-कट' की कोई गुंजाइश नहीं है। खेल पत्रकारिता एक व्यवस्थित विद्या है, जिस पर अधिकार प्राप्त करने के लिए प्रतिभा, लगन, मेहनत, जिज्ञासा व उत्साह की जरूरत होती है।

खेल समाचार किसे कहते हैं ?

खबर या समाचार कहते किसे हैं ? समाचार का मतलब क्या है ? समाचार की परिभाषा क्या है ? क्या ऐसी कोई परिभाषा है, जो सर्वमान्य हो ?

एक विद्वान ने कहा है, "खबर वह है, जो घटती या होती हो।"

जब कोई खबर होती या बनती है, तो रिपोर्टर उसे पहचान लेता है। एक अन्य सर्वसम्मत परिभाषा है—"अधिकांश लोगों को दिलचस्प लगनेवाली घटनाओं, तथ्यों व दृष्टिकोणों की सामयिक रिपोर्टिंग को खबर कहते हैं।" यहाँ 'सामयिक' व 'अधिकांश लोगों को' शब्दों पर ध्यान देना चाहिए।

रिपोर्टर किसी खबर को कैसे पहचान लेता है, इसकी एक बानगी दी गई है। कुत्ता अगर आदमी को काट खाए, तो यह खबर नहीं है। पर आदमी अगर कुत्ते को काट खाए, तो यह खबर है। यानी यहाँ कुछ असामान्य-सा दिखाई दे, वह दिलचस्प खबर हो सकती है। उदाहरण के तौर पर हम उस वाक्य को लें, जब पुरुष टेनिस खिलाड़ी बॉबी रिग्स ने विम्बलडन की महिला चैम्पियन बिली जीन किंग को खेलने की चुनौती दी थी। इस मैच में बॉबी रिग्स ने महिलाओं के कपड़े पहनकर कोर्ट सँभाला था। चूँकि यह घटना सामान्य से हट कर है, इसलिए दिलचस्प खबर कहलाती है। पाठक इसे रस लेकर पढ़ते हैं।

समाचारों के प्रकार

हम भी यह अनुभव करते हैं कि कुछ 'समाचार कथाएँ' तुलनात्मक दृष्टिकोण से

ज्यादा दिलचस्प होती हैं और कुछ रूखी। हमें उन मुद्दों व विषयों का विश्लेषण करना चाहिए, जो किसी समाचार कथा को ज्यादा आकर्षक बनाते हैं। इनका विश्लेषण नीचे दिया जा रहा है–

1. पुरुष-महिला सम्बन्ध : ऐसा साहित्य पाठक बड़े चाव से पढ़ते हैं। हैवीवेट मुक्केबाज माइक टायसन का उनकी पत्नी से झगड़ा अखबारों में प्रमुखता के साथ छापा जाता है। टाइगर पटौदी का प्रसिद्ध सिने-तारिका शर्मिला टैगोर के साथ प्रेम-विवाह हमेशा चर्चा का विषय रहा। इमरान खान के रोमांस के किस्से भी पत्र-पत्रिकाओं में सुर्खियों के साथ छापे गए। भारतीय फिल्म तारिका अंजु महेन्द्र के साथ सर गैरी सोबर्स का एकतरफा असफल रोमांस भी पत्रकारों का प्रिय विषय रहा। जिमी कोनार्स का क्रिस एवर्ट से रोमांस, विवाह व तलाक सभी ने चाव से पढ़ा। फ्रायड ने सही कहा है कि मनुष्य के दिमाग में सेक्स हमेशा कहीं-न-कहीं छुपा रहता है। इसीलिए आज खेल समाचार कथाओं में ऐसी किसी भी कहानी को दिलचस्प माना जाता है।

2. परिणाम : किसी परिणाम को सुनकर विशेषज्ञ की त्वरित टिप्पणी खबर का रूप ले सकती है। न्यूजीलैंड में भारतीय टीम की पराजय के बाद मैनेजर बिशनसिंह बेदी की वह त्वरित टिप्पणी तो आपको याद होगी ही जिसमें उन्होंने सारी टीम को उठाकर समुद्र में फेंक देने की बात कही थी। इस टिप्पणी पर बाद में कितना तूफान उठा, यह भी आप भूले न होंगे।

3. विरोधाभास : विशिष्ट खिलाड़ियों या संगठनों के बीच खामोशी कोई खबर नहीं बना पाती। पर संघर्ष (चाहे वह जबानी हो या हाथापाई की नौबत आ गई हो) हमेशा दिलचस्प खबर बनाता है। लिटिल मास्टर सुनील गावस्कर व कपिल देव के बीच वैचारिक मतभेद हमेशा सुर्खियों में रहे।

4. स्थान का महत्त्व : घटना घटने के स्थान का भी अखबार में छपनेवाली खबर की प्रमुखता पर असर होता है। खेल संगठन का स्थानीय चुनाव स्थानीय समाचार पत्र के लिए महत्त्व का विषय हो सकता है, पर राष्ट्रीय अखबार के लिए नहीं।

5. प्रमुखता : सुनील गावस्कर के साथ कोई क्लब खिलाड़ी, इन्दौर या भोपाल आ

जाए, तो साफ समझा जा सकता है कि गावस्कर का आना खबर है, जबकि क्लब खिलाड़ी का मौजूद होना कोई खबर नहीं बनाता।

असामान्यता : असामान्यता अपने आप में एक खबर होती है। जैसे लोग गावस्कर की शतक के आदी हैं। पर अगर वह शून्य पर आउट हो जाए, तो यह असामान्य बात मानी जाएगी और खबर का रूप ले लेगी।

7. मानवीय दिलचस्पी : सुनील गावस्कर व कपिल देव भारतीय क्रिकेट के सुपर सितारे माने जाते हैं। पर दोनों के बीच विचारों का मतभेद इतना अधिक है कि मानवीय दिलचस्पी का विषय होकर खबर का रूप धारण कर लेता है। सुनील का नजरिया वैज्ञानिक है, जिसमें जीत-हार के प्रति गहरा सोच है। पर कपिल देव स्वभाव से ही क्रिकेट में आक्रामक दृष्टिकोण अपनाते हैं। दोनों अपनी-अपनी जगह सही हैं और अलग-अलग जगह दोनों की अपनी विशिष्ट उपयोगिता है।

खेल पत्रकारिता का मूल सिद्धान्त

खेलों की समाचार कहानियाँ साधारणतया उल्टे पिरामिड के खाके पर सिद्धान्त रूप से चलती हैं।

पिरामिड का आधार सबसे चौड़ा व ताकतवर होता है। पिरामिड खाके पर आधारित खेल समाचार कहानियाँ निम्नलिखित तत्त्वों से मिल कर बनती हैं।

लीड : किसी भी खेल कथा के पहले पैरा को 'लीड' कहा जाता है। सामान्य तौर पर इसे सारांश कह सकते हैं। इसे केवल एक या दो वाक्यों में पूरा किया जा सकता है। इस तरह की लीड को 'संक्षिप्त लीड' या 'सरल लीड' कहा जाता है।

लीड का विस्तार : साधारणतया किसी भी कथा के दूसरे पैरा को लीड का विस्तार कहा जाता है। लीड में छूट जानेवाली महत्त्वपूर्ण बातों का इसमें समावेश हो जाता है। लीड के विस्तार को सहयोगी लीड या लीड का विकास भी कहते हैं। खेल पत्रकारिता सीखनेवाले नए पत्रकार अकसर यही गलती करते हैं कि लीड लिखने के बाद सहयोगी लीड नहीं लिखते।

शेष कथा : फिर क्रम आता है अन्य विस्तृत सूचनाओं का, जो महत्त्व के क्रम से आगे बढ़ती है। एक बार लीड व उसके विस्तार को कागज पर उतार लिया

जाता है, तब बाकी के तथ्यों को लीड व उसके विस्तार के साथ सम्बद्ध कर दिया जाता है। इसे हम पृष्ठभूमि की सामग्री कह सकते हैं। पृष्ठभूमि की सामग्री के अलावा कम महत्त्व की पर सम्बद्ध सूचनाएँ भी हम दे सकते हैं। इसका उपयोग समाचार कथा में गहराई, रंगत व जमावट लाने में किया जाता है।

लीड, लीड का विस्तार व फिर घटना के महत्त्व के क्रम में खबरों को छापने का उल्टे पिरामिड पद्धति का खाका नए पत्रकारों के बहुत काम आता है। इसके निम्नलिखित लाभ गिनाए जा सकते हैं :

—जो फॉर्मूले से परिचित हैं, वे खेल समाचार की घटनाएँ फुर्ती से उसी साँचे में ढाल लेते हैं।

—उप सम्पादक दो या तीन पैरा पढ़ कर ही उचित शीर्षक चुनने में सफल हो जाता है।

—चूँकि ऐसी खेल कथा घटते महत्त्व के क्रम में बयान की जाती है, इसलिए अखबार में उपलब्ध जगह के हिसाब से उसे संक्षिप्त किया जा सकता है। इससे आखिरी एक दो पैरा छोड़ देने से भी सूचनाओं का महत्त्व खत्म नहीं होता।

—पाठक शीघ्र ही पता लगा सकते हैं कि खेल समाचार कथा उन्हें रुचिकर होगी या नहीं।

लीड लिखने का एक तरीका यह है कि उसे निम्नलिखित प्रश्नों के उत्तरों का ध्यान रखकर लिखा जाए। ये छह जवाब मिल जाएँ, तो अच्छी लीड लिखी जा सकती है :

कौन, क्या, कब, कहाँ, क्यों और कैसे ?

मानक खेल समाचार कथाएँ लिखनेवाले पत्रकारों को निम्नलिखित बातें याद रख लेनी चाहिए :

—रिपोर्टर को निष्पक्ष व दूरी बना कर रहना चाहिए। बयान की गई घटना में साधारणतया का स्वयं भाग नहीं लेता। जहाँ तक बन सके, 'मैं' शब्द का इस्तेमाल नहीं किया जाना चाहिए।

—खेल पत्रकारिता का मूल मन्त्र है सत्यबयानी। अन्दाज लगाकर लिखने की आदत से बचें।

—सतही लेखन से बचना चाहिए। शब्दों का सही चयन करना चाहिए ताकि खेल कथा में कसावट आए और पाठकों को रुचिकर लगे।

—सड़कछाप भाषा व एक ही चीज को बार-बार दोहराने की प्रवृत्ति से बचना चाहिए। इससे आपकी खेल समाचार कथा फीकी पड़ जाती है।

—खेल समाचार कथा की विषयवस्तु का महत्त्व समझना चाहिए। विषयवस्तु गम्भीर हो, तो फालतू शब्दों का समावेश करके गम्भीरता खत्म नहीं करनी चाहिए।

—पाठक आपकी समाचार कथा से बँधा रहना चाहिए। इसके लिए एक जैसे वाक्यों की रचना से बचना चाहिए।

नए खेल पत्रकारों को ये प्रश्न भी ध्यान रखने चाहिए :

—पाठकों के मन में पैदा होनेवाले प्रश्नों के जवाब आपकी खेल समाचार कथा में हैं या नहीं ?

—कौन, क्या, कब, कहाँ, क्यों और कैसे का जवाब पहले, कुछ वाक्यों में आ गया है या नहीं ?

असावधानी नहीं बरती जानी चाहिए। कुरूप लेखन, संकीर्ण सोच, अपर्याप्त खोज और एकतरफा बयानी से बचना चाहिए।

पृष्ठभूमि ठीक से दी गई है या नहीं। इतिहास, सन्दर्भ व पहचान-सभी इस तरह प्रस्तुत किए जाने चाहिए कि आपकी लिखी हुई समाचार कथा नई व लुभावनी लगे। कई बार पत्रकार मान कर चलते हैं कि पाठकों को पृष्ठभूमि का ज्ञान है। यह ठीक नहीं है। कुछ पाठकों को विषय की पृष्ठभूमि का ज्ञान होता है, अधिसंख्य हो नहीं।

टाइम्स ऑफ इंडिया के खेल सम्पादक के. एन. प्रभु ने खेल पत्रकारों की सफलता के लिए एक अनुकरणीय सूची बनाई है, जो इस प्रकार :

—प्रश्न पूछने में संकोच न कीजिए। खबर प्राप्त करने के लिए प्रश्न पूछने से बढ़िया कोई दूसरा माध्यम नहीं होता।

—कभी किसी का विश्वास न तोड़िए और न ही खबरों के गुप्त रहनेवाले स्रोत को उजागर करिए।

—'स्कूप' या ऐसी विशिष्ट खबर जो केवल आपके पास है, छपाई के पहले तक किसी को ज्ञान न होने दीजिए। उदाहरण के तौर पर श्री प्रभु कहते हैं कि 1967 में आस्ट्रेलिया की यात्रा पर जाने में पटौदी असमर्थ थे, यह खबर उन्हें छपने तक छुपानी पड़ी अन्यथा प्रेस में जानेवाला कोई भी मेहमान उस खबर को उठाकर कहीं और छपवा सकता था। ऐसे में 'स्कूप' की कीमत जाती रहती। अतः ऐसे मामलों में गहरी सावधानी बरतनी चाहिए।

—खेलों से सम्बन्धित सामाजिक कार्यक्रमों से भी जीवन्त सम्पर्क बनाए रखना चाहिए। पता नहीं, कब, कहाँ, कोई कीमती खबर मिल जाए।

—केवल सामयिक खबरें ही लिखिए।

—अपनी ही प्रेस के साथी को होड़ में पीछे छोड़ने की प्रवृत्ति न रखिए।

—निर्णय करने की अपनी क्षमता को असन्तुलित न होने दीजिए।

—बहुत सारे ऐसे लोग मिल जाएँगे, जो आपको कई सुराग 'ऑफ द रेकॉर्ड' बताना चाहेंगे। पर ऐसे लोगों को निरुत्साहित कीजिए।

—अपनी खबर बनाने के लिए खेल के मैदानों में जाइए। किसी और पर अपने कार्य का जिम्मा न सौंपिए।

—खेलों से सम्बद्ध हर आदमी को महत्त्वपूर्ण समझिए; किसी की उपेक्षा न कीजिए। पता नहीं कब, कोई अच्छी खबर दे दे।

—अपने सम्पादक के अलावा अन्य किसी से प्रभावित होकर या डर कर लिखने की जरूरत नहीं है।

—याद रखिए, संक्षिप्त लेखन भी एक कला है। इससे पाठक में आपके लेखन के प्रति दिलचस्पी बनी रहती है। सही व अर्थपूर्ण लेखन आपकी कला को सशक्त बनाता है।

एक बात और ध्यान रखिए कि अगर आप भाषा के अच्छे जानकार हैं तो केवल यही सफल खेल पत्रकार बनाने के लिए पर्याप्त नहीं है। खेलों के बारे में सम्पूर्ण जानकारी भी कामयाब खेल पत्रकार नहीं बना पाती। सफल खेल पत्रकारिता के लिए भाषा का ज्ञान व खेलों की जानकारी का सही मिश्रण चाहिए। भाषा बहुत ज्यादा साहित्यिक न हो तो चलेगा। मगर भाषा बोझिल नहीं होनी चाहिए और न ही भारी भरकम शब्दों का इस्तेमाल होना चाहिए। सरल शब्दों में खेल की सूक्ष्म बयानी होनी चाहिए। नए खेल पत्रकारों को ये बातें गाँठ बाँध लेनी चाहिए।

2
लीड कैसे लिखें?

सत्य व न्यायपूर्ण लेखन खेल पत्रकारिता की पहली शर्त है। खेल पत्रकार को सत्य व न्यायपूर्ण बयान तो करना चाहिए पर समाचार कॉलमों में अपने विचार आरोपित नहीं करने चाहिए।

उदाहरण के तौर पर मान लीजिए कि भारतीय क्रिकेट टीम को आस्ट्रेलियाई दौरे के वक्त एम. एल. जयसिम्हा की जरूरत पड़ी। अखबार इस खबर को तो छापेंगे कि भारतीय टीम को मजबूती व स्थायित्व प्रदान करने के उद्देश्य से भारतीय क्रिकेट चयन समिति ने जयसिम्हा को आस्ट्रेलिया भेजने का निर्णय किया है। पर समाचारों में उनके प्रति शुभकामनाएँ प्रकट करना खेल पत्रकार का काम नहीं है।

वस्तुपरक खेल पत्रकारिता इंग्लैंड के पत्रकारों का प्रमुख गुण है। यह गुण भारत में भी खेल पत्रकार जितनी जल्दी ग्रहण कर लें, उतना ही बेहतर। जो समाचार-पत्र पक्षपातपूर्ण खेल समाचार छापेगा, उसकी ग्राहक संख्या क्रमशः कम

होती जाएगी। जमाना अब प्रतिस्पर्धा का है। केवल गुणवत्ता ही लम्बे समय तक अखबार को लोकप्रिय बनाए रख सकती है। पाठक पक्षपातपूर्ण अखबारों को सम्मान के साथ नहीं पढ़ते। किसी मानक खेल समाचार कथा के लिए वस्तुपरकता, तथ्यात्मकता तथा भावना में न बहकर बयान करना प्रमुख बातें हैं।

जैसा कि पिछले अध्याय में कहा गया है किसी भी खेल समाचार कथा के शुरू के हिस्से को लीड कहते हैं जो साधारणतया एक पैरा की ही होती है। सारांश लीड सबसे ज्यादा मान्य है।

पहले रिपोर्टर का मुख्य उद्देश्य होता था पूरी कथा को पहले ही वाक्य में सारांश करके रख देना। इसी के कारण कौन, क्या, कब, कहाँ, क्यों और किसने जैसे सवालों का समावेश हुआ। एक ही वाक्य में इतने सवालों के जवाब पाठकों को भारी लगते थे। इससे विषय के मूल अर्थ को समझने में दिक्कत आती थी। ऐसी ही भारी-भरकम लीड की एक बानगी देखिए :

इन्दौर : "देवांग शर्मा, जो कि म.प्र. का जूनियर चेम्पियन है, को कल रात अपने पेट में अपेन्डिसाइटिस की शल्यक्रिया करानी पड़ी, जहाँ उसे तब दर्द हो रहा था, जब वह कार से घर जा रहा था और जाते वक्त उसकी कार भी नियन्त्रण से बाहर हो गई व उसने नावरा कम्पाउंड के बाहर ही कार को पेड़ से ठोक दिया।"

पाठक इतनी सारी बातें एक वाक्य में कैसे ग्रहण कर सकता है ? इसीलिए अधिसंख्य खेल पत्रकार अब शुरू में संक्षिप्त वाक्य लिखते हैं। जिन सूचनाओं की तुरन्त जरूरत नहीं हो, उन्हें बाद में रखा जा सकता है। इस तकनीक को 'देरी से पहचान' कहा जाता है। अगर विषय के नाम का महत्त्व नहीं हो, तो उसके नाम को दो-एक वाक्य पूरे होने तक रोका जा सकता है।

घटना किस पर घटी, घटना का स्थान क्या है, उस समय वक्त क्या था– आदि चीजों को सही जगह चुन कर बयान करना पेशेवर खेल पत्रकारिता की निशानी है।

अतः सलाह है कि–

1. लम्बे वाक्यों से बचिए। लम्बे वाक्य लिखने का अर्थ है कि हममें एक विचार को एक वाक्य में सीमित करने की क्षमता नहीं है।

–लीड व्याकरण के हिसाब से सही होनी चाहिए।

–'लेकिन', 'परन्तु', 'जबकि', 'उदाहरण के तौर पर' जैसे शब्दों की बहुतायत खेल समाचार कथा को व्यर्थ ही भुला देती है। इससे छोटी व सुन्दर समाचार कथा

अनावश्यक लम्बी हो जाती है।

—एक वक्त में एक ही तथ्य देना चाहिए। एक ही बार में सारे तथ्य उँड़ेलकर पाठकों पर बोझ डाल देना अनुचित है। एक विचार के लिए एक वाक्य का उपयोग हो तो बेहतर। उदाहरणार्थ—

पहले	बाद में
राष्ट्रीय टेबल टेनिस प्रतियोगिता के लिए उपलब्ध 130 स्थानों के लिए 13 टेबलों पर कुल मिलाकर 475 खिलाड़ी खेले और इनमें से म.प्र. के हिस्से के 30 स्थानों के लिए इन्दौर में 120 खिलाड़ियों ने विभिन्न शहरों से आकर हिस्सा लिया।	**राष्ट्रीय टेबल टेनिस प्रतियोगिता के लिए उपलब्ध 130 स्थानों की पात्रता के लिए विभिन्न जगहों से आए खिलाड़ी 13 टेबलों पर खेले। कुल मिलाकर 475 खिलाड़ियों ने भाग लिया। म.प्र. के लिए नियत 30 स्थानों के लिए 120 खिलाड़ियों ने इन्दौर में भाग लिया।**

घटना का विश्लेषण

जिस घटना का वर्णन करना हो, उसकी मूल भावना का विश्लेषण करने की कोशिश करनी चाहिए। हमारे मन में यह सवाल उठना चाहिए कि इस घटना की किस महत्त्वपूर्ण सूचना को पाठक जानना चाहेगा ? लीड, बयान की गई घटना की लय स्थापित कर देती है।

लीड के कुछ प्रकार

नए पत्रकारों के लिए जरूरी है कि वे अपनी लीड में क्या, कौन, कहाँ, कब, क्यों और कैसे का उत्तर पाने का प्रयास करें। जब वे ऐसा प्रयास करेंगे तो नीचे लिखे प्रकारों में से किसी एक तरह की लीड जरूर लिख पाएँगे।

संक्षिप्त लीड

एक प्रमुख समाचार-पत्र में छपी इस लीड की ओर ध्यान दीजिए ''एक भारतीय क्रिकेट खिलाड़ी (कौन), जो कि हवाई जहाज से यात्रा करना चाहता था (क्यों) आखिर कार लेकर (क्या) इन्दौर से (कहाँ) शुक्रवार की सुबह (कब) रवाना हुआ।

बाकी कथा में 'कैसे' ? का उत्तर आएगा। यह सारांश लीड है।

छोटे वाक्यवाली लीड

किसी लीड में एक छोटे वाक्य से पाठक को अनुमान हो जाता है कि रिपोर्टर कहना क्या चाह रहा है ? उदाहरण के तौर पर इन्दौर में खेल पृष्ठ पर छपी इस स्थानीय खबर को देखें।

"उनका चुनाव म.प्र. के स्थानीय क्रिकेट खिलाड़ियों की कीमत पर ?"

क्रिकेट में दिलचस्पी रखनेवाला पाठक समझ गया कि बात मध्य प्रदेश क्रिकेट टीम में मदनलाल को शामिल करने के विवाद के मामले की है।

वक्तव्य लीड

किसी लीड में तथ्यों को एक सरल वाक्य में निचोड़कर प्रस्तुत कर दिया जाता है। इसके बाद उन्हें समझाया जाता है। जैसे–

"भारत में लोग उसे छोटा डायनामाइट कहते हैं। यह कोई नई बात नहीं। गावस्कर व विश्वनाथ भी तो तेंदूलकर की तरह छोटे कद के डायनामाइट ही थे।"

ड्रामाई लीड

एक सरल वक्तव्य को ड्रामाई अन्दाज में प्रस्तुत करने को ड्रामाई अन्दाजवाली लीड कहा जाता है। अगर पाठकों को एक सुखद सीमा तक आश्चर्यचकित किया जा सकता हो, तो क्या हर्ज है ?

प्रश्नवाचक लीड

"कौन कहता है कि वेस्टइंडीज की पेस-बैटरी का कोई बल्लेबाज सामना नहीं कर सकता ?"

इस तरह की लीड को प्रश्नवाचक लीड कहते हैं ?

कथात्मक लीड

इसमें लीड को कथा की तरह प्रस्तुत किया जाता है। इसमें रिपोर्टर कहानीकार

का रूप ग्रहण करता है।

"सावधान ! सावधान !", "कपिल देव क्रीज पर आ रहा है"—विव रिचर्डस् ने अपने क्षेत्ररक्षकों को आगाह किया।

उपरोक्त लीड में पढ़नेवालों की उत्सुकता सहज ही जागृत हो जाती है।

चुटकुलेनुमा लीड

अखबार को दिलचस्प बनाने के लिए सम्पादक कभी-कभी चुटकलेवाली समाचार लीड स्वीकार कर लेते हैं।

विवरणात्मक लीड

पुराने व परम्पराओं पर चलनेवाले सम्पादक विवरणात्मक लीड पसन्द नहीं करते, पर युवक किस्म के सम्पादक इस तरह की लीड का स्वागत करते हैं।

तुलनात्मक लीड

कई बार लीड में तुलना का जोरदार पुट होता है। इससे पाठकों को बदले हुए तरीके से सामग्री पढ़ने को मिलती है, जो उसकी दिलचस्पी को बढ़ाती है।

"श्रीकान्त से कप्तानी छिन जाने का अर्थ था एक कप्तान के रूप में अजहरुद्दीन का पदार्पण।"

उपरोक्त लीड में तुलना व विरोधाभास दोनों है।

'आप' आधारित लीड

किसी लीड में 'आप' शब्द का इस्तेमाल होता है। परिवर्तन के तौर पर इस तरह की लीड अच्छी लगती है।

"जब आप बोरिस बेकर का सामना करते हैं, तो आपको 180 किलोमीटर प्रति घंटे की रफ्तार की सर्विस का सामना करने के लिए तैयार रहना चाहिए।"

उपरोक्त लीड में 'आप' शब्द का इस्तेमाल बोरिस बेकर के किसी भी प्रतिद्वन्द्वी के लिए प्रभावशाली ढंग से किया गया है।

इतिहास लीड

''इसी मैदान पर सन् 1980 में सुनील गावस्कर ने शानदार शतक लगाया था। आज के उनके शानदार शतक ने उस शतक की याद ताजा कर दी।''

इस तरह की लीड को इतिहास बतानेवाली लीड कहेंगे। उपयुक्त अवसर पर ऐसी लीड पाठकों की दिलचस्पी में इजाफा करती है। पर ऐसी लीड का उपयोग बार-बार करने पर सम्पादक नाराज होने लगता है। अतः रिपोर्टर इसका उपयोग यदा-कदा ही करें, तो बेहतर। खबर की लीड में विविधता या भिन्नता लाने के लिए ही सम्पादक ऐसी लीड कभी-कभी स्वीकार कर लेता है।

3

शेष समाचार के तत्त्व

लीड लिख लेने के बाद आता है विस्तृत समाचार कथा लिखने का क्रम। कई मामूली घटनाओं का सरल बयान तो आसानी से भी लिखा जा सकता है। कई सामचार-पत्र नित-प्रतिदिन होनेवाली घटनाओं की रिपोर्टिंग के लिए एक नियत खाका बना लेते हैं।

लिखने से पूर्व पूरे तथ्य एकत्र कर लेने चाहिए। जैसे, यदि आपको किसी खिलाड़ी को लेकर सामचार कथा लिखनी हो और कुछ अतिरिक्त सूचनाओं की जरूरत हो, तो आपको चाहिए कि या तो उस खिलाड़ी से व्यक्तिगत रूप से मिलें या फिर उससे फोन पर ही बात कर लें। ऐसी बातों से खेल रिपोर्टर को तनिक भी संकोच नहीं करना चाहिए।

सम्पादक आपकी खेल कथा का सम्पादन करके उसे छोटा कर सकता है। तब आप सोच सकते हैं कि वाक्यों को छोटा करने से विषय-वस्तु की लय, सन्तुलन व शैली बिगड़ गई है। पर इससे हताश होने की जरूरत नहीं है। प्रायः

ऐसा नहीं होता। यह सम्पादन लेखन में कसावट लाने के लिए किया जाता है। सीधी समाचार कथा का मुख्य उद्देश्य ही कसावट के साथ सूचनाएँ देना है। आप गौर से सोचेंगे तो पाएँगे कि समाचार कथा का सम्पादित रूप ही बेहतर है। वाक्य संरचना में शब्दों की पुनरावृत्ति अच्छी खेल समाचार कथा को भद्दा बना सकती है। आपकी खेल कथा सम्पादित करनी पड़े, इससे बेहतर तो यह है कि आप खुद ही उसे सावधानी से लिखें।

खेल समाचार कथा, संक्षिप्त, कसावटवाली तथा मुख्य बिन्दु पर ही केन्द्रित होनी चाहिए। वाक्यों में गणित के बहुत सारे अंकों का एक साथ इस्तेमाल नहीं करना चाहिए। अगर अपने पाठकों को खोना हो, तब ही बहुत सारे अंकों का एक साथ इस्तेमाल करना चाहिए। वैसे कौन खेल पत्रकार चाहेगा कि पाठक उसे ओछी नजर से देखें। खेल समाचार कथा अच्छी बनी है या नहीं, इसका पता उसे जोर से पढ़ने पर लग जाता है। इससे यह भी पता चल जाएगा कि पाठकों को वह आसानी से समझ में आएगी या नहीं।

भारत में एक ही खेल पत्रकार को कई खेलों की समाचार कथाएँ लिखनी होती हैं। यह सम्भव नहीं है कि सभी खेलों की पूरी तकनीकी जानकारी उसे हो। ऐसे में रिपोर्टिंग करते वक्त खेल पत्रकार को अपनी सीमाओं को ठीक से पहचान लेना चाहिए। उन पहलुओं को नहीं छूना चाहिए, जिनका ज्ञान न हो। ऐसे पहलुओं का वर्णन करते वक्त उतनी ही गहराई तक जाना चाहिए, जितना ज्ञान हो।

खेलों की कमेंट्री करनेवाले ऐसे भी कुछ लोग हैं जिन्हें कई खेलों का तकनीकी ज्ञान नहीं है। अच्छी भाषा, अच्छी आवाज व अच्छी शैली के बल पर वे प्रभाव भी जमा लेते हैं और श्रोताओं द्वारा पसन्द भी किए जाते हैं। पर जब भी तकनीकी पहलुओं का वर्णन करने का मौका आता है, उनकी पोल खुल जाती है। अब चूँकि ये कमेंट्रीकार स्थापित हो चुके हैं, इसलिए औरों से सीखने में इन्हें संकोच होता है और अहम् को ठेस भी लगती है, किन्तु कोई भी व्यक्ति परिपूर्ण नहीं होता। सीखने के लिए उम्र व स्तर की कोई बन्दिश नहीं होती। बस, सीखने की लगन चाहिए और सत्य-निष्ठ बयान करने की परम निष्ठा। समाचार कथाएँ लिखकर आप अपनी आजीविका तो कमा लेते हैं, पर यह कभी नहीं भूलना चाहिए कि आप एक महत्त्वपूर्ण सामाजिक दायित्व भी पूरा कर रहे हैं।

खेल समाचार कथाएँ लिखने का तरीका आम समाचार कथाओं से अलग होता है। एक तो खेलों पर लिखने के लिए खेलों का तकनीकी ज्ञान आवश्यक है। सबसे ज्यादा मुश्किल तब आती है, जब जटिल तकनीकी मुद्दों को हिन्दी

भाषा में सरलता से समझाना पड़ता है। अधिकांश खेलों की उत्पत्ति भारत से बाहर ही हुई है व उनका विकास भी। अधिकांश खेल साहित्य भी अंग्रेजी में ही उपलब्ध है। तकनीकी शब्दों का सीधा अनुवाद नहीं किया जा सकता, क्योंकि इससे खेल को जटिल बनाने का नापसन्द काम होता है। क्रिकेट में किए जानेवाले ओवर को ओवर ही कहना पड़ेगा। 'स्क्वेयर लेग' की स्थिति को 'वर्गाकार पैर' या 'फाइन लेग' को 'सुन्दर पाँव' तो नहीं कह सकते। हमारी भाषा से हमें प्यार होना चाहिए, पर इसका अर्थ यह नहीं है कि हम उदार न रहें और दूसरी भाषा के प्रचलित शब्दों को अपनाने से कतराएँ। हमें यह नहीं भूल जाना चाहिए कि खेल केवल साहित्य नहीं है। खेल संसार एक तकनीकी विद्यावाला संसार है, जिसमें साहित्य की बड़ी जिम्मेदारी है। ऐसी विद्या में सरलता लेखन का प्रमुख गहना बन सकती है। इसके लिए भाषा, व्याकरण, व तकनीकी पहलुओं का ऐसा सामंजस्य बैठाना चाहिए कि विषय सरल व दिलचस्प हो जाए।

खेल पत्रकारिता में रिश्ते-नाते, सम्बन्ध व प्रलोभन बड़ी नाजुक स्थितियाँ प्रस्तुत करते हैं। खेल समाचार कथाएँ लिखनेवाले पत्रकार को इनसे बचना चाहिए। किसी का बार-बार आतिथ्य स्वीकार करने का अर्थ है निष्पक्ष रहने का अपना मनोबल कमजोर करना। कई खेल पदाधिकारी आपकी कलम का रुख प्रलोभन से अपने पक्ष में मोड़ने का अप्रत्यक्ष प्रयास करते हैं। इससे सावधान रहना चाहिए। निष्पक्षता व समाज के प्रति अपने दायित्व का हमेशा ध्यान रखना चाहिए।

इसी तरह से दोस्तों के खेल के प्रति नरम रवैया अपना लेना भी दायित्व के प्रति नाइंसाफी होगी। स्वच्छ खेल पत्रकारिता करना एक स्वस्थ परम्परा है।

4
खेल लेखन की शैली

समाचार-पत्र में खेल कथा लिखते वक्त हम क्या करते हैं ? हम किसी घटना को स्वयं देखते हैं तो उसकी महत्त्वपूर्ण चीजों को संक्षेप में नोट कर लेते हैं। बाद में उन घटनाओं को अपने लेखन से एक लय व एक सूत्र में पिरोते हैं। खेल कथा को सही सन्दर्भ में लिखना अपने आप में एक खूबसूरत कला है। सही सन्दर्भ का अर्थ यह भी होता है कि आपको काम खोजपूर्ण करना है और योजनाबद्ध भी।

सीधी-सादी शैली में बोलचाल की भाषा का ही इस्तेमाल किया जाता है। सादी शैली की बोलचाल की भाषा में शब्दों का दुरुपयोग नहीं होना चाहिए और शब्दों का अर्थ पाठकों को आसानी से समझ में आना चाहिए। पाठकों को आपकी खेल खबर पढ़ते-पढ़ते ही तुरन्त सारी कहानी समझ में आ जानी चाहिए। साथ ही यह भी ध्यान रखना चाहिए कि किताबी भाषा का इस्तेमाल न हो। सादी शैली से फायदा यह होता है कि बेकार की औपचारिकताओं से छुटकारा मिल जाता

है। पर यह भी ध्यान रखना चाहिए कि सादी शैली का अर्थ सड़क छाप भाषा का इस्तेमाल नहीं है। भाषा सादी, पर शालीन होनी चाहिए। एक पत्रकार मित्र ने जहीर अब्बास की आक्रामक बल्लेबाजी के बारे में इस तरह कहा था "जहीर अब्बास ने तेज गेंदबाजी की मार-मार कर भुस भर दी।" यह सड़क छाप भाषा है। भाषा के ऐसे इस्तेमाल से बचना चाहिए।

मनुष्य घोर आडम्बर से अब इतना तंग आ चुका है कि सरलता फैशन बनती जा रही है। लोग आज फिर सरलता से प्रेम व आडम्बर से नफरत करने लगे हैं। पर औपचारिकताओं से परे हटकर सरल समाचार कथा लिखना उतना आसान नहीं है, जितना लगता है। इसके पीछे हमारा वह बरसों पुराना मनोविज्ञान है, जिसके तहत हमें लगता है कि सरल व आसान चीज आकर्षक नहीं होती। पर अगर आज हम दुनिया-भर की विशिष्ट खेल पत्रकारिता पर नजर डालें तो हम पाएँगे कि बोलचाल की सीधी व सरल भाषा में ही पत्रकारिता हो रही है।

सही शब्दों का इस्तेमाल

बोलचाल की भाषा या अनौपचारिक भाषा का इस्तेमाल करनेवाले पत्रकारों के लिए भी यह जरूरी है कि सही मौकों के लिए सही शब्दों का इस्तमाल करें। बिल्कुल सही शब्द याद नहीं आने पर करीबी शब्द का उपयोग खेल कथा की खूबसूरती को नष्ट कर सकता है।

कनफ्यूशियस ने ठीक ही कहा है कि सही भाषा से जरूरी अन्य कोई चीज नहीं। अगर भाषा गलत होगी तो अर्थ गलत हो जाएगा। गलत अर्थ से गलत काम होंगे। गलत काम से चरित्र व कला का ह्रास होता है। फिर चरित्र व कला के पतन से अन्याय हावी होगा। इससे लोगों में सन्देह बढ़ जाएगा और वे असहाय अनुभव करने लगेंगे। अतः सही भाषा का इस्तेमाल एक सामाजिक अनिवार्यता है।

एक बार की बात है कि इन्दौर में कॉमनवेल्थ क्रिकेट टीम आई थी, जिसमें मशहूर स्पिन गेंदबाज सोनी रामाधीन भी शामिल था। इन्दौर की होल्कर टीम के कप्तान थे भारतीय क्रिकेट के भीष्म पितामह कहे जानेवाले कर्नल सी.के. नायडू। पत्रकार व जानकार कह रहे थे कि सोनी रामाधीन की स्पिन की जादूगरी होल्कर टीम को धूल में मिला देगी। मैच के पहले की रात टीम मीटिंग में कर्नल नायडू ने टीम के सदस्यों को ललकारा "सोनी रामाधीन पर ऐसा हमला बोलो कि इन्दौर

आने के नाम से ही वह नफरत करने लगे"।

यूँ सुनने में उपरोक्त वाक्य विचित्र लगता है, पर अर्थ स्पष्ट करने व मकसद सिद्ध करने में प्रभावकारी साबित हुआ। क्योंकि अगले दिन रामाधीन की गेंदों की जबर्दस्त धुनाई हुई और उसका हौवा दूर हो गया।

चरित्र, कला व न्याय किसी भी सभ्य समाज के ताकतवार स्तम्भ होते हैं। साहित्य का इन स्तम्भों को बरकरार रखने में महत्त्वपूर्ण हाथ होता है। जो हम कहना चाहते हैं, वह सही शब्दों से प्रकट हो जाना चाहिए। चाहे हम व्यवसायी हों, या व्यक्ति अथवा स्थान का परिचय दे रहे हों या फिर भावनाएँ या योजनाएँ बता रहे हों, सही शब्दों का चुनाव सफलता की पहली कुंजी है।

अतः हमें निम्नलिखित बातों का ध्यान रखना चाहिए :

–सही शब्दों का चयन

–अर्थपूर्ण संक्षिप्त वाक्य लिखने की आदत

–कम-से-कम शब्दों में ज्यादा-से-ज्यादा प्रकट करने की कला का विकास

–पूर्ण विराम (।) अर्द्धविराम (,) आश्चर्य प्रकट करनेवाला चिह्न (!), डेश (-) या प्रश्नवाचक चिह्न (?) इन सबके उपयुक्त जगह पर उपयोग करने की कला का विकास।

उपरोक्त बातों का अगर ध्यान रखा जाए तो आप एक सफल व लोकप्रिय शैली के मालिक बन सकते हैं। आपकी खेल समाचार कथाएँ बड़ी दिलचस्पी के साथ पढ़ी जाएँगी।

5

खेल समाचारों के शीर्षक

किसी अखबार या पत्रिका में शीर्षक लिखने का तरीका बहुत ही महत्त्वपूर्ण होता है। लोकप्रिय अखबारों के शीर्षक इतने आकर्षक होते हैं कि खबरों का अन्दाज शीर्षक पढ़कर ही हो जाता है। अतः 'शीर्षक' किसी भी अखबार का निर्णायक बिन्दु होता है।

शीर्षक लिखने की शैली उस अखबार या पत्रिका-विशेष के सामान्य चरित्र को उजागर करती है। कुछ अखबार एकदम सन्तुलित रहना चाहते हैं। इसलिए उनके शीर्षकों में शालीनता व सन्तुलन बना रहता है। फिर शायद ऐसे अखबार किसी को भी ठेस पहुँचाना नहीं चाहते। सभी से बनाकर रखना चाहते हैं। पर ऐसी शालीनता अगर सच्चाई प्रकट करने के प्रति आपको विमुख करे तो यह किसी काम की नहीं। शालीनता वहीं तक ठीक है, जहाँ तक सच्चाई से इसका सीधा सम्बन्ध हो।

कुछ अखबार या पत्र-पत्रिकाएँ शीर्षकों के जरिये उत्सुकता व सनसनी

फैलाना चाहते हैं। टेलीविजन के कारण लोगों की पढ़ने की आदत में कमी आई है। ऐसी दशा में लोगों के पास पढ़ने का वक्त कम होता है। ऐसे लोगों को आकर्षित करने के लिए ही सनसनीखेज शीर्षकों का उपयोग कुछ पत्र-पत्रिकाएँ व अखबार करते हैं। इसमें व्यावसायिक दृष्टिकोण ज्यादा होता है, राष्ट्रीय जिम्मेदारी निभाने की इच्छा कम। इसे हम अखबारों के अस्तित्व का संकट भी कह सकते हैं। अपने अस्तित्व को बनाए रखने के लिए ही कई बार सम्पादक को रोमांचकारी व सनसनीखेज शीर्षक बनाने पड़ते हैं।

कुछ अखबार शालीनता का लिबास बेकार में ओढ़े रखना पसन्द नहीं करते। वे बेबाक शैली में दो-टूक बातें करना पसन्द करते हैं। 'जनसत्ता' दैनिक के शीर्षक इस माने में मापदंड कहे जा सकते हैं। इसीलिए इस अखबार की लोकप्रियता ज्यादा है। इसके शीर्षक व खबरें स्वाभाविक रूप से हिन्दी में ही सोचे हुए होते हैं। हमारी खेल-पत्रकारिता में दिक्कत यह है कि एजेंसी की खबरें अधिकांशतः अंग्रेजी में आती हैं। अतः खेल पत्रकारों की मस्तिष्क-प्रक्रिया ही अनुवाद-परक हो जाती है। अगर हम हिन्दी भाषा में खेल पत्रकारिता कर रहे हैं, तो हमें इस तरह की परिस्थितियों से छूटते जाना चाहिए।

जब हम किसी बस, रेलगाड़ी या हवाई जहाज से यात्रा करते हैं तो किसी-न-किसी समाचार-पत्र को खरीदने की इच्छा हो जाती है। कौन-सा समाचार-पत्र खरीदना है, इसका निर्णय शीर्षक पढ़ कर ही कर लेते हैं। अतः कई समाचार-पत्र चौंकानेवाले शीर्षक देने की कोशिश करते हैं ताकि उन्हें पढ़ते ही आप अखबार खरीदने के लिए लालायित हो जाएँ।

खबर के महत्त्व को दृष्टिगत रखते हुए ही शीर्षक भी बड़े व ज्यादा जगह घेरनेवाले हो सकते हैं। जहाँ चौंकाने के लिए सनसनीखेज शीर्षक देने की मंशा हो, वहाँ अक्षरों का आकार बड़ा व गाढ़ा किया जा सकता है। शीर्षक लम्बा भी किया जा सकता है या परिस्थिति के हिसाब से छोटा भी रखा जा सकता है। खबर के महत्त्व के मुताबिक शीर्षकों में उपयुक्त प्वाइंट्स का उपयोग किया जा सकता है।

साधारणतया प्रत्येक समाचार-पत्र की शीर्षक देने की अपनी शैली होती है और उसी के अनुरूप अक्षरों के आकार का उपयोग किया जाता है। आप अखबार के शीर्षकों के आकार देखकर भी उस अखबार विशेष का नाम बता सकते हैं। अक्षर मोटे लेने हैं या पतले, टेढ़े लेने हैं या सीधे—इन सबका चयन अखबार के पूरे पृष्ठ की सुन्दरता या सन्तुलन देखकर किया जाता है। अनुभव आपको ये सभी

महत्त्वपूर्ण बातें सिखा देगा। इसीलिए तो मैं अकसर कहता हूँ कि खेल पत्रकारिता में 'शार्ट-कट' की कोई गुंजाइश नहीं है।

शीर्षक साधारणतया लीड में से ही ढूँढ़ निकाले जाते हैं। अच्छा खेल सम्पादक लीड को बड़े ध्यान से पढ़ता है वह उसका सम्पादन इस तरह से करता है कि शीर्षक भी उसी में से निकाला जा सके।

अतः शीर्षक लिखने के लिए निम्नलिखित बातों पर ध्यान दिया जाना चाहिए :

—लिखे गए शीर्षक से कथा का आभास हो जाना चाहिए।

—शीर्षक एकदम उपयुक्त लगना चाहिए।

—शीर्षक बेमन से ऐसे ही नहीं लिख देना चाहिए। ऐसा करने से उसके नीचे लिखी गई खेल-समाचार कथा पर से पाठकों की उत्सुकता खत्म होती है।

—शीर्षक ऐसा होना चाहिए कि आपके अखबार की प्रतिष्ठा से मेल खाए।

—शीर्षक कानूनी दृष्टि से एकदम सुरक्षित होना चाहिए। यानी अपमानजनक या आक्रामक शीर्षक देने के मोह से बचना चाहिए।

—शीर्षक में आपके विचार प्रकट नहीं होने चाहिए। घटित घटना का यथार्थ बयान ही शीर्षक को रोचक बनाता है।

मान लीजिए कि कपिल देव ने आक्रामक शतक लगाया है। इसके लिए नीचे दिए गए चार शीर्षकों पर गौर कीजिए :

(1) कपिल देव द्वारा आक्रामक शतक

(2) कपिल देव ने गेंदबाजी के धुर्रे बिखेरे

(3) आलोचकों के मुँह पर कपिल देव का शतकीय तमाचा

(4) कपिल का आक्रामक शतक

अलग-अलग वक्त व अखबार व पत्रिका के मानदंड के मुताबिक (1), (3) व (4) क्रम के शीर्षक उपयुक्त हैं। शालीन अखबार चौथे क्रम के शीर्षक का उपयोग करेगा। बेबाक अखबार (2) या (3) क्रम के शीर्षकों का उपयोग करेगा।

6
विश्लेषण

प्रभावी खेल पत्रकारिता कोई आसान काम नहीं है। जब आपके सामने टेलीप्रिंटर पर खबरें आती जाती हैं, तब आपको एक तरह से वक्त को मुट्ठी में पकड़ना पड़ता है। क्योंकि अगले ही दिन के अखबार के सभी संस्करणों में सही वक्त पर खबर छपनी चाहिए। अगर आपके अखबार ने कोई खबर नहीं दी है, जबकि वही खबर कोई अन्य अखबार छाप रहा है, तो आपके अखबार की प्रतिष्ठा पर आँच आती है।

अब जैसे यू.एस. ओपन टेनिस प्रतियोगिता का फाइनल हुआ है। आप डैस्क पर हैं और आप ही को यह खबर बनानी है। तब आपके लिए सबसे आवश्यक तो यह है कि दूरदर्शन पर दिखाए जानेवाले इस मैच को स्वयं देखें। फिर टेलीप्रिंटर पर आनेवाली खबर को देखें। इससे आप बेहतर लिख सकेंगे।

'नई दुनिया' (इन्दौर) के आठ सितम्बर 1991 के अंक में खेल पृष्ठ पर छपी इस खबर पर नजर डालिए :

शीर्षक

सेलेस ने यू.एस. ओपन खिताब जीता, एडबर्ग फाइनल में

लीड : न्यूयार्क 7 सितम्बर। यूगोस्लाविया की मोनिका सेलेस ने आज एकतरफा मुकाबले में मार्तिना नवरातिलोवा को 7-6, 6-1 से हराकर यू.एस. ओपन चैम्पियनशिप का महिलाओं का सिंगल्स खिताब जीत लिया। पुरुषों के सेमीफाइनल में स्टीफन एडबर्ग ने इवान लैंडल को 6-3, 6-3, 6-4, से हराकर फाइनल में प्रवेश किया।

विश्लेषण

आपने गौर किया होगा कि लीड में सारी घटना का सारांश आ गया है। साथ ही यह भी कि लीड कुल दो वाक्यों में समाप्त कर दी गई है, जो कि सही है।

दूसरी बात यह है कि शीर्षक को लीड में से ही निकाले जाने के सामान्य नियम का पालन किया गया है। साथ ही शीर्षक से टेनिस प्रेमी आगे की कहानी पढ़ने को उत्सुक होता है।

कथा विस्तार

पहले सेट में पाँचवें गेम तक मार्तिना ने मोनिका को बराबरी की टक्कर दी। लेकिन मोनिका जब 5-4 गेम से आगे थी, तब मार्तिना की सर्विस ब्रेक कर उसे सेट जीतने का अच्छा मौका था। मोनिका सेट पाइंट पर थी, लेकिन वह मौके का फायदा नहीं उठा सकी। मार्तिना ने अपनी सर्विस भंग नहीं होने दी और मामला 5-5 पर ला दिया। 6-6 गेम के बाद टाईब्रेकर हुआ। टाईब्रेकर में मार्तिना, मोनिका के आगे बिल्कुल नहीं टिक पाई और मोनिका ने एकतरफा मुकाबले में टाईब्रेकर 7-6 (7-1) से जीत लिया।

दूसरा सेट बिल्कुल एकतरफा साबित हुआ। 34 वर्षीया मार्तिना नवरातिलोवा, मोनिका सेलेस के यौवन के समक्ष बिल्कुल बौनी साबित हुई। सेट के प्रारम्भ में ही मोनिका ने मार्तिना की सर्विस ब्रेक कर अपने इरादे स्पष्ट कर दिए थे। इसके बाद मोनिका ने पीछे मुड़कर नहीं देखा और सेट 6-1 से जीत लिया। मार्तिना नवरातिलोवा पूर्व में तीन बार यू.एस. ओपन चैम्पियन रह चुकी है।

मोनिका ने इस वर्ष ऑस्ट्रेलियन एवं फ्रेंच ओपन जीतकर यू.एस. ओपन सहित अपने ग्रैंड स्लैम खिताबों की संख्या तीन कर दी। मोनिका विम्बलडन में नहीं खेली थी। चैम्पियन बनने पर मोनिका को चार लाख एवं मार्तिना को दो लाख डॉलर मिले।

स्टीफन एडबर्ग पहली बार यू.एस. ओपन के फाइनल में पहुँचे हैं। 1986 एवं 1987 में सेमीफाइनल में पहुँचे एडबर्ग यहाँ पिछले वर्ष पहले राउंड में ही हार गए थे। सेमीफाइनल जीत के साथ ही एडबर्ग अब बोरिस बेकर को दूसरे नम्बर पर धकेल कर पुनः नम्बर एक बन जाएँगे।

अन्तिम समाचार लिखे जाने तक जिम कुरियर एवं जिमी कॉनर्स के बीच सेमी फाइनल मुकाबला प्रारम्भ नहीं हुआ था। फाइनल में एडबर्ग के साथ कुरियर या कॉनर्स खेलेंगे।

विश्लेषण

लीड के तुरन्त पहले व शीर्षक के तुरन्त बाद 'वार्ता' या 'प्रे.ट्र.' नहीं लिखा है। इसका अर्थ यह हुआ कि संवाददाता ने पूरी खबर स्वयं दूरदर्शन पर देखकर बनाई है। रिपोर्टिंग संक्षिप्त व प्रभावकारी बनी। कहानी में पृष्ठभूमि की जानकारी भी डाली गई, जो रिपोर्टिंग को रोचक बनाती है। टेनिस के तकनीकी पहलुओं को बिलकुल नहीं छुआ गया है, यह कमी थोड़ी अखरती है। पर घटना को दिलचस्पी के साथ लयपूर्ण भाषा में परोसा गया है।

आखिर में वक्त की महत्ता समझाते हुए यह भी लिख दिया गया है कि रिपोर्ट लिखने तक कुरियर व कॉनर्स के बीच दूसरा सेमीफाइनल शुरू नहीं हुआ था।

तकनीकी पहलुओं में यह लिखा जा सकता था कि मार्तिना लगातार 'नेट' पर आकर 'वॉली' करती रही, जबकि मोनिका सेलेस 'बेस लाइन' से ही खेलती रहीं। पर सेलेस के पासिंग शाट्स न केवल शक्तिशाली थे, बल्कि अचूक भी थे।

उदाहरण-2

हम पहले बता चुके हैं कि पुरुष-महिला सम्बन्धों व अपराध से जुड़ी कोई भी कहानी पाठकों को दिलचस्प लगती है। 13 सितम्बर, 1991 को छपी एजेंसी की इन दो खबरों पर गौर कीजिए, जो कि इन्दौर के *दैनिक भास्कर* में छपी थीं :

टायसन एक और विवाद में–*शीर्षक*

लॉस वेगास, 12 सित. (ए.पी.)। पूर्व हैवीवेट चैम्पियन माइक टायसन के आजकल बुरे दिन चल रहे हैं। उन पर अश्वेत महिला के साथ बलात्कार करने का मामला अदालत में चल ही रहा है कि अब उस पर एक रत्नजड़ित बाजूबन्द के मामले में मुकदमा दर्ज हो गया है।

विश्लेषण

शीर्षक दिलचस्प बन पड़ा है। एक और विवाद का जिक्र करके टायसन के बारे में पृष्ठभूमि देने का सफल प्रयास किया गया है। शीर्षक पढ़ कर घटना को पढ़ने की उत्सुकता जागृत होती है।

फिर लीड इस तरह लिखी गई है, जिसमें घटना का सार आ जाता है व उसी में से शीर्षक ढूँढ़ा गया है। सामान्य अपराध के साथ ही सेक्स अपराध की ओर भी इशारा किया गया है, जिससे टायसन के साथ हो रहे दुर्भाग्यपूर्ण घटनाक्रम के बारे में पता चलता है।

लीड विस्तार या घटना विस्तार

सीजर पैलेस में जवाहरात की एक दुकान है जिसके मालिक ने कल अदालत में एक मुकदमा दायर किया है। इस मुकदमे में टायसन द्वारा बाजूबन्द की कीमत न चुकाए जाने पर अपने हक की माँग की है। इस रत्नजड़ित बाजूबन्द की कीमत सवा लाख डॉलर है।

आर. एंड एम. इंटरप्राइजेज कम्पनी की जवाहरात की दुकान के वकील जार्ज टी. मोर्स तृतीय का कहना है कि टायसन से पैसा पाने की सभी कोशिशें नाकाम साबित हुई हैं। मोर्स का कहना है कि गत 11 मई को डेढ़ लाख डॉलर का बाजूबन्द खरीदकर टायसन ने भरोसा दिलाया कि वह डोनोवान के साथ जून में मुकाबले में उतरने के बाद पैसे चुका देगा, जबकि आज की तारीख तक उसने रकम अदा करना उचित नहीं समझा।

दूसरी ओर टायसन के वकील ने किसी मुकदमे की जानकारी होने से इनकार किया है। उन्होंने इस सम्बन्ध में टिप्पणी भी नहीं की। टायसन के प्रमोटर डॉन किंग का मानना है कि टायसन को बलात्कार के झूठे केस में फँसाया जा रहा है। माइक टायसन पर गत जुलाई में एक सौन्दर्य प्रतियोगिता

में भाग लेनेवाली युवती ने बलात्कार का आरोप लगाया है। मुकदमे की सुनवाई के लिए 27 जनवरी की तिथि निर्धारित की गई है। किंग का यह मानना है कि कुछ लोग महज प्रचार की खातिर मामले को तूल दे रहे हैं। अब टायसन को एक घंटे के भीतर तीस हजार डॉलर की जमानत पर छोड़ दिया गया—क्योंकि मुदकमे की अगली तारीख तय हो गई है।

प्रमोटर किंग का कहना है कि आठ नवम्बर को होलीफील्ड और टायसन की बहुप्रतीक्षित भिड़न्त निर्धारित समयानुसार ही होगी।

इवांडर होलीफील्ड ने टायसन के साथ मुकदमे की इच्छा दोहराई है। उन्होंने कहा कि माइक टायसन को मैं एक मुक्केबाज ही मानता हूँ और हमारी भिड़न्त पिछले काफी समय से टलती आ रही है। माइक टायसन के विवादों में फँसने पर उन्होंने कहा कि कुछ निश्चित कहा नहीं जा सकता। मीडिया हमारी भिड़न्त को टालने का इच्छुक है। परन्तु मैं माइक टायसन के साथ लड़ने हेतु कठिन तैयारी में व्यस्त हूँ।

विश्लेषण

पृष्ठभूमि की कहानी और जवाहरात की कीमत न चुकाने की घटना के बीच सामंजस्य जोड़ा गया है। भाषा में लय है। एक वाक्य में एक ही विचार प्रकट करने की कोशिश की है, जो कि एक सही शैली है। पर कुछ वाक्य बहुत लम्बे बन गए हैं। उन्हें तोड़कर ज्यादा वाक्यों में बदला जा सकता था।

उदाहरण-3

मार्तिना नवरातिलोवा जब फूट-फूटकर रो पड़ी...

शीर्षक विश्लेषण : दैनिक भास्कर (इन्दौर) के 13 सितम्बर, 1991 के खेल पृष्ठ पर छपा उपरोक्त शीर्षक लीक से हट कर था, इसलिए सहज ही ध्यान आकर्षित करनेवाला बन गया। शीर्षक में 'जब' शब्द का अच्छा प्रयोग किया गया है, क्योंकि इसे पढ़ते ही पाठक के मन में स्वाभाविक प्रश्न उठ जाता है कि 'कब' ? रो पड़ी। मार्तिना नवरातिलोवा व जूडी नेल्सन नामक सुन्दरी के बीच अजीबोगरीब अधिकृत सम्बन्ध खेल इतिहास की सनसनीखेज घटनाओं में से एक माना जाता है। पर कुल मिलाकर चार कॉलम की चौड़ाई में छपे इस शीर्षक ने सभी पाठकों का ध्यान अपनी ओर खींचा होगा।

अब लीड देखें।

पोर्टबर्थ 12 सितम्बर (ए.पी.रा.)। मार्तिना नवरातिलोवा ओर जूडी नेल्सन विवाद इन दिनों खूब चर्चा में है। मार्तिना जब अदालत में बयान दे रही थी तब वे फूट-फूट कर रो पड़ीं। मार्तिना ने अदालत में रोते हुए बताया कि उन्होंने अपनी पूर्व साथी जूडी नेल्सन के साथ हुए सम्पत्ति के करार को नहीं पढ़ा था। करार पर हस्ताक्षर की घटना को वीडियो टेप किया गया था।

लीड विश्लेषण

लीड में सारी घटना का सार देने की कोशिश की गई है। लीड में से ही शीर्षक निकाला गया है। वैसे ''करार पर हस्ताक्षर की घटना को वीडियो टेप किया गया था'' वाक्य को 'लीड' में शामिल न किया गया होता तो बेहतर रहता। इस वाक्य को खबर के विस्तार के अन्तर्गत शामिल किया जा सकता था।

विस्तार

मार्तिना नवरातिलोवा के वकील ने अपने शुरुआती बयान में कहा कि जूडी नेल्सन के वकील ने उस जानकारी से फायदा उठाया है, जो उसे नवरातिलोवा का प्रतिनिधित्व करने के दौरान मिली थी। नेल्सन ने जून में मार्तिना पर मुकदमा दायर किया था कि वह अपने करार से हट रही हैं, जिसके तहत नेल्सन को मार्टिना द्वारा उनके बीच सम्बन्धों की अवधि में कमाई गई राशि में से आधा हिस्सा मिलना है।

मार्तिना से पहले उनके और नेल्सन के वकील जैरी लाफ्टिन के बीच हुए पत्र-व्यवहार की पुष्टि करने के लिए कहा गया। लाफ्टिन ने जब 1986 में हुए साथ में रहने के गैर-वैवाहिक समझौते का वीडियो टेप चलाना शुरू किया तो मार्तिना ने फूट-फूटकर रोना शुरू कर दिया। मार्तिना ने गवाही में कहा कि मैंने समझौते को पढ़ा नहीं था। जब वीडियो टेप चलना शुरू हुआ तो नौ बार की विम्बलडन चैम्पियन ने सिर को अपने हाथों से टिका लिया। उन्होंने जब सिर उठाया तो फूट-फूटकर रो रही थीं।

वीडियो टेप में मार्तिना और नेल्सन को लिखित समझौते की समीक्षा करते समय हँसी-मजाक करते हुए दिखाया गया है। वीडियो टेप चलने के

दौरान नेल्सन ने किसी तरह की भावुकता नहीं दिखाई। मार्तिना के वकील माइक मैकाली ने तर्क दिया कि लाफ्टिन ने दो महिलाओं के बीच समझौते की तैयारी करने में मदद की थी, इसलिए वे कानूनी रूप से नेल्सन के स्त्री समलैंगिकतावाला मुकदमा नहीं लड़ सकते हैं।

मैकाली ने कहा कि लाफ्टिन 1985 से 1987 के बीच मार्तिना के वकील रहे हैं। इस दौरान उन्हें उनकी आमदनी और दीगर व्यावसायिक हितों के बारे में सूचनाओं से नजदीकी हासिल थी, इसलिए उनका नेल्सन की ओर से प्रतिनिधित्व करना व्यावसायिक नैतिकता के खिलाफ है।

लाफ्टिन ने कहा कि मार्तिना को करार के मुद्‌दों की पूरी जानकारी थी। उन्होंने कहा कि वे 1977 से नेल्सन का प्रतिनिधित्व कर रहे हैं, जब वे तलाक के मामले में उलझी थीं। इसलिए उन्हें मुकदमे से हटाने का मतलब नेल्सन को उनकी पसन्द के वकील से वंचित करना होगा।

विस्तार विश्लेषण

एजेंसी की खबरों को क्रमानुसार ले लिया गया है। घटना के सभी पक्षों को ठीक जगह दी गई है। लेकिन एजेंसी से आई अंग्रेजी भाषा का सीधा अनुवाद कर दिया गया है। भाषानुवाद करना ज्यादा बेहतर रहता। इसीलिए कई जगह वाक्य लम्बे हो गए हैं और वाक्यों की बनावट व कसावट लयपूर्ण नहीं लगती। सीधे अनुवादवाले वाक्यों को रेखांकित किया गया है, जिससे भाषा का मजा चला जाता है।

उदाहरण 4

क्रिकेट भारत का सर्वाधिक लोकप्रिय खेल है। फिर अगर मुकाबला भारत व पाकिस्तान के बीच हो तो विश्व-भर के क्रिकेट प्रेमियों की निगाहें इस पर टिक जाती हैं। पहले घोषणा की गई थी कि शारजाह प्रतियोगिता के तुरन्त बाद पाकिस्तान की क्रिकेट टीम भारत आएगी और पाँच एक दिवसीय अन्तर्राष्ट्रीय मैच खेलेगी। इन मैचों के स्थानों की भी घोषणा हो चुकी है। अचानक *नई दुनिया* (इन्दौर) के 13 सितम्बर, 1991 के संस्करण ने क्रिकेट प्रेमियों को चौंका दिया। पूरी रिपोर्टिंग व उसका विश्लेषण उदाहरणार्थ प्रस्तुत है :

पाकिस्तान के भारत दौर की चाबी इमरान के पास

उपरोक्त शीर्षक से छपी खबर की लीड इस प्रकार थी :

नई दिल्ली 12 सितम्बर। भारतीय क्रिकेट कंट्रोल बोर्ड के अध्यक्ष माधवराव सिंधिया ने बोर्ड सचिव जगमोहन डालमिया से कहा है कि वे पाकिस्तान बोर्ड से लगातार सम्पर्क बनाए रखें क्योंकि पाकिस्तानी प्रेस में पाकिस्तान के आगामी संक्षिप्त भारतीय दौरे को लेकर जो अलग-अलग खबरें प्रकाशित हो रही हैं उसकी जानकारी मिलती रहे।

विश्लेषण

शीर्षक अचानक चौंका देता है। मन में प्रश्न उठता है कि यह दौरा हो भी पाएगा या नहीं। 'लीड' में से शीर्षक नहीं निकाला गया है। 'लीड' एक ही वाक्य में पूरी कर ली गई है, इसलिए वाक्य लम्बा हो गया है। सारे विचार एक ही वाक्य में भर देने पड़े हैं, अतः लीड इतनी प्रभावकारी नहीं बन पाई है।

कथा विस्तार

श्री सिंधिया ने कहा कि उन्होंने स्वयं इस तरह की खबरें सुनी हैं कि पाकिस्तान का संक्षिप्त भारतीय दौरा खतरे में है। उन्होंने कहा कि उन्होंने पाकिस्तान बोर्ड के अध्यक्ष लेफ्टिनेंट जाहिद अली अकबर से पिछले सप्ताह राजीव फाउंडेशन सहायतार्थ मैच खेलने के सम्बन्ध में चर्चा की थी जिसके दौरान उन्हें इस बात के कोई संकेत नहीं मिले कि दौरा रद्द हो सकता है।

बोर्ड सचिव श्री डालमिया पिछले सप्ताह राजधानी में ही थे ताकि गृह मन्त्रालय से पाकिस्तान यात्रा की मंजूरी ले सकें।

भारतीय क्रिकेट कंट्रोल बोर्ड को सरकार की ओर से भारतीय टीम के शारजाह जाने की अनुमति भी अभी तक नहीं मिली है। यह यात्रा भी अभी सरकारी स्तर पर विचाराधीन है और इसे तभी मंजूरी मिलेगी जब इस बात की सन्तुष्टि हो जाएगी कि कोई अप्रिय घटना नहीं घटेगी। यहाँ तक कि यदि पाकिस्तान सरकार भी दौर की अनुमति दे दे तब भी यह दौरा उस समय तक सम्भव नहीं हो पाएगा, जब तक कि इमरान खान हरी झंडी नहीं दिखा दें। इमरान पहले ही बता चुके हैं कि उन्हें सितम्बर-अक्टूबर के महीनों में

भारतीय उपमहाद्वीप में खेलने में मजा नहीं आता क्योंकि इस समय काफी ऊर्जा नष्ट होती है। प्रस्तावित दौरे के प्रति भी इमरान खुश नहीं हैं क्योंकि उनके मुख्य गेंदबाजों वासिम अकरम और यूनुस को विश्व कप के पूर्व काफी कम आराम मिल पाएगा। दोनों ही खिलाड़ी इंग्लिश सत्र की समाप्ति पर पहले से ही थके हुए होंगे।

खिलाड़ियों की सुरक्षा के प्रति इमरान चिन्तित हैं, इसलिए यह कहा जा सकता है कि पाकिस्तान का भारतीय दौरे का होना न होना इमरान पर निर्भर करता है।

विश्लेषण

पूरी घटना या 'लीड विस्तार' में लम्बे-लम्बे वाक्यों का सहारा लिया गया है जो कि मूल विषय-वस्तु के समझने में बाधा पहुँचाता है। सारी घटनाएँ फिर भी ठीक से पिरो ली गई हैं। सूचनाओं में कुछ भी छोड़ा नहीं गया है। लेकिन यह नहीं भूलना चाहिए कि खेल पृष्ठ पर खबरें बहुत-सी रहती हैं और स्टाफ कम। साथ ही वक्त का तकाजा भी महत्त्वूपर्ण होता है।

कई बार समाचार कथा ऐसे पत्रकार को भी लिखनी होती है, जिसे खेलों का कोई ज्ञान नहीं रहता। फिर भी जहाँ तक बन सके, 'एक वाक्य में एक विचार' वाला सिद्धान्त भूलना नहीं चाहिए।

हॉकी

28 अक्टूबर, 1991 के इन्दौर के एक प्रतिष्ठित दैनिक समाचार-पत्र में ऑकलैंड (न्यूजीलैंड) में ओलिम्पिक के लिए पात्रता हासिल करने के लिए खेले गए अन्तिम मैच की रिपोर्ट इस प्रकार प्रस्तुत की गई थी :

फाइनल मैच में सोवियत संघ ने भारत को 1-0 से परास्त किया।

ऑकलैंड 27 अक्टूबर (वार्ता)। सोवियत संघ ने ओलिम्पिक हॉकी क्वालीफाइंग टूर्नामेंट के फाइनल में आज यहाँ भारत को 1-0 से हरा दिया। प्रतियोगिता में तीसरा स्थान न्यूजीलैंड को व चौथा मलेशिया को मिला।

भारत के खेल में आज एकरूपता नहीं थी। उसे कई बार मौके मिले

लेकिन उसने गलत पास से सब मौके गवाँ दिए। भारत को दूसरे हॉफ में लगातार दो पैनल्टी कॉर्नर मिले। कप्तान परगटसिंह ने हिट किया लेकिन उनके प्रयास विफल हुए। भारतीय खिलाड़ियों में आज चुस्ती नहीं दिखाई दी और वे सोवियत रक्षापंक्ति को भेदने में असफल रहे। उनमें तालमेल का अभाव था और कई बार उन्होंने गलत पास दिए।

सोवियत संघ कम-से-कम दो गोल और कर सकता था। मैच के शुरू में इगोर अन्ताकोव की फ्री हिट को गेनादी गनेसियन ने लिया लेकिन गेंद गोलपोस्ट से टकराकर वापस मैदान पर गई। दूसरे हॉफ में आशीष बलाल ने प्लेशकोव और अन्ताकोव के गोल करने के प्रयास को नाकाम कर दिया। मैच के शेष हिस्से में भारतीय टीम का दबदबा रहा लेकिन खिलाड़ियों में गोल करने लायक तेजी का अभाव रहा। उसे सात पेनल्टी कॉर्नर मिले लेकिन टीम गोल नहीं कर पाई।

इससे पहले न्यूजीलैंड ने तीसरे, चौथे स्थान के लिए खेले गए मैच में मलेशिया को 2-1 से हराया। न्यूजीलैंड के जैमी स्मिथ और ग्रेग रस ने गोल करके टीम को 2-1 से बढ़त दिला दी। बाद में सुरजीतसिंह ने एकमात्र गोल कर के स्कोर 2-1 कर दिया।

बेल्जियम ने कनाडा को टाईब्रेकर में 6-3 से हराकर पाँचवाँ स्थान हासिल कर लिया। अतिरिक्त समय में स्कोर 2-2 था। यह मैच इतने आवेश में खेला गया कि कनाडा के एडबुरा को अतिरिक्त समय में लाल कॉर्ड दिखाया गया। कनाडा के चार अन्य खिलाड़ियों को पीले कॉर्ड दिखाए। बेल्जियम के दो खिलाड़ियों को भी कुछ समय के लिए निलम्बित कर दिया गया।

रिपोर्टिंग का विश्लेषण

शीर्षक तीन कॉलम में दिया गया था, जो कि प्रतियोगिता के महत्त्व को देखते हुए जरूरी था। ओलिम्पिक में पात्रता हासिल करने के लिए इस प्रतियोगिता में प्रथम चार स्थानों में से एक हासिल करना जरूरी था। यानी भारत की हॉकी में प्रतिष्ठा इस पर आधारित थी। अतः शीर्षक का महत्त्व समझा जा सकता है।

लीड में संक्षिप्त में पूरी कहानी कह दी गई है। पर शीर्षक, लीड व पूरी रिपोर्टिंग में कहीं भी यह नहीं लिखा गया है कि भारत ने ओलिम्पिक में खेलने की पात्रता पहले ही हासिल कर ली है। चूँकि प्रथम चार टीमें पात्रता प्राप्त करती

हैं और भारत दूसरे क्रम पर आया है, अतः पात्रता प्राप्त तो हो ही गई है। पर पाठकों को पुराना घटनाक्रम मालूम है, यह समझकर उल्लेख न करना अखरता है। हर खेल रिपोर्टिंग अपने-आप में सम्पूर्ण होनी चाहिए।

लीड विस्तार के अन्तिम दो पैराग्राफों में रिपोर्ट को जल्दी से समाप्त करने की कोशिश की गई है और यह जल्दबाजी महसूस हो जाती है। रिपोर्ट 'वार्ता' से आई थी, अतः उसे संक्षिप्त करके छाप दिया गया है। न्यूज एजेंसियों की रिपोर्टिंग में अकसर सीधे अनुवाद की प्रवृत्ति पाई जाती है। इससे खेल कहानी के प्रवाह पर विपरीत असर पड़ता है। दरअसल भावानुवाद किया जाना चाहिए।

फुटबॉल

11 नवम्बर, 1991 को बम्बई के एक राष्ट्रीय समाचार-पत्र में फुटबॉल खेल विषयक निम्नलिखित रिपोर्ट छपी थी :

ईस्ट बंगाल का दूसरे दौरे में प्रवेश

कलकत्ता, नवम्बर 9 (पी.टी.आई.) साल्ट, लेक स्टेडियम पर खेले गए एशिया कप विनर्स कप टूर्नामेंट के सेकंड-लीग के एक महत्त्वपूर्ण मैच में सुपर लीग चैम्पियन ईस्ट बंगाल ने बाँग्लादेश की अबाहानी क्रीड़ा चक्र टीम को पहले हाफ में बनाए गए एकमात्र गोल के आधार पर हराकर आज दूसरे राउंड में प्रवेश कर लिया।

टूर्नामेंट के दूसरे दौर में पहुँचने के लिए ईस्ट बंगाल के लिए यह मैच जीतना बहुत जरूरी था। अतः ईस्ट बंगाल ने शुरू से ही आक्रामक रुख अपनाकर 60,000 के करीब दर्शकों को खुश कर दिया।

पिछली तीन नवम्बर को फर्स्ट लेग का मैच ढाका में खेला गया था, जो कि गोलहीन रहकर बराबरी में समाप्त हुआ था।

विजेता के लिए राइट विंगर विकास पांजी ने पहले हाफ के 26वें मिनट में यह महत्त्वपूर्ण विजेता गोल बनाया। कृषाणु डे के साफ-सुथरे पास को रोककर विकास पांजी ने रक्षापंक्ति को छकाते हुए नजदीक से यह गोल दागा।

शुरू का खेल तेज रफ्तार का रहा और कलकत्ता की टीम ने विपक्षी खेमे पर हमले किए, पर सही 'फिनिशिंग' नहीं कर पाए।

मूलतया दाहिने कोने से आक्रामक दबाव बनाते हुए ईस्ट बंगाल की अग्रिम पंक्ति ने मेहमानों को रक्षण करने के लिए मजबूर कर दिया। अबाहानी टीम इस मनोवैज्ञानिक फायदे को भी नहीं भुना पाई कि 1-1 की बराबरी भी उन्हें ही दूसरे दौर में पहुँचा देती। प्रतियोगिता के नियमों के मुताबिक विदेशी मैदान पर दागा गया एक गोल दो के बराबर माना जाता है।

ईस्ट बंगाल को 31वें मिनट में गोल करने का मौका मिला था, पर सर्कल में प्रवेश करने के बाद भी मीडियो नील एडमंड्स ने गेंद पर से नियन्त्रण खो दिया।

मध्यान्तर के दस मिनट पहले भी अबाहानी टीम बराबरी पर पहुँच सकती थी, पर वसीम का 'हेडर' लक्ष्य से जरा चूक गया। कुछ मिनट बाद ही वसीम फिर लक्ष्य के करीब पहुँच गए थे, पर उनका बाएँ पैर से लगाया तेज शॉट ईस्ट बंगाल के गोलकीपर देबाशीश मुखर्जी ने मुक्के से बाहर कर दिया।

घरू टीम का आक्रमण भी बाद में तब निस्तेज हो गया, जब अग्रिम पंक्ति के जीवन्त खिलाड़ी कृषाणु डे लँगड़ा कर मैदान से बाहर चले गए। इसके पहले कृषाणु डे को रोकना आज मुश्किल पड़ रहा था।

रिपोर्ट का विश्लेषण

शीर्षक दो कॉलम की चौड़ाई के बराबर था, जो कि उचित है। शीर्षक सामान्य उत्सुकता बना देता है जो कि देश में फुटबॉल की लोकप्रियता को देखते हुए जरूरी था।

'लीड' एक ही वाक्य में पूरी कर दी गई है, पर फिर भी लीड, अच्छी बन पड़ी है। पूरी रिपोर्ट का सार इसमें आ गया है और वाक्य लम्बा होते हुए भी कसावट-भरा है। लम्बा वाक्य अकसर बोझिल हो जाता है, पर यहाँ शब्दों का चयन ठीक होने के कारण ऐसा अनुभव नहीं होता।

'लीड' विस्तार में तकनीकी जानकारी दी गई है। साथ ही खेल किस तरह हुआ इसका भी सिलसिलेवार वर्णन है। चमकदार खेल दिखानेवाले खिलाड़ियों के नाम ठीक से दिए गए हैं। हालाँकि खेल रिपोर्ट का अन्त अचानक हुआ लगता है, बस यही कमी अखरती है। पर कुल मिलाकर यह एक सन्तुलित रिपोर्ट लगती है।

खो-खो

4 अक्टूबर, 1991 को इन्दौर के एक लोकप्रिय दैनिक में खो-खो मैच की निम्नलिखित रिपोर्ट छपी थी :

महाराष्ट्र दोनों ही वर्गों में श्रेष्ठ

(खेल प्रतिनिधि द्वारा)

इन्दौर, 3 अक्टूबर। पश्चिम क्षेत्र खो-खो प्रतियोगिता में आज महाराष्ट्र ने अपनी श्रेष्ठता सिद्ध करते हुए दोनों वर्गों (पुरुष और महिला) में मध्य भारत को पराजित पर चमचमाती ट्रॉफियों पर अधिकार जमाया। जहाँ एक ओर महाराष्ट्र की महिला टीम ने मध्यभारत को 2 अंकों से हराया वहीं पुरुष वर्ग में महाराष्ट्र ने मध्यभारत को आसानी से 10 अंकों से पराजित किया। मैच समाप्ति के बाद विजेता तथा उपविजेता टीमों को चेतन चौहान तथा खेल मन्त्री विक्रम वर्मा ने संयुक्त रूप से ट्रॉफी प्रदान की।

महिला वर्ग के अन्तिम लीग मैच में आज महाराष्ट्र ने टॉस जीता और पहले बैटिंग का फैसला किया। 9 मिनट की पहली पारी में महाराष्ट्र की लड़कियों ने अच्छा संरक्षण किया। वैशाली भट्ट ने 1.15, वैशाली वैदक ने 1.50 और मृणालिनी शिन्दे ने 2.05 मिनिट तक संरक्षण किया। मध्यभारत की लड़कियाँ पाँच खिलाड़ियों को आउट करने में सफल रहीं। उत्तरा पत्की ने शुभांगी बापट, कृपाली अँखाले और सोनल द्रविड़ ने एक-एक खिलाड़ी को आउट किया। इस तरह मध्यभारत ने पहली पारी में 5 अंक अर्जित किए। पहली पारी के जवाब में मध्यभारत की लड़कियों का संरक्षण कमजोर रहा और तेज आक्रमण से महाराष्ट्र ने 9 अंक बटोरकर 4 अंकों की महत्त्वपूर्ण बढ़त हासिल कर ली। शुभांगी बापट ने 1.30, सोनल ने 2.20 और कृपाली ऊँटवाले ने 1.50 मिनट तक संरक्षण किया। वैशाली वैदक 2, मृणालिनी शिन्दे 1, अपर्णा कारखानिस 2 और वैशाली नाडकर्णी 2 खिलाड़ियों को आउट करने में सफल रहीं।

दूसरी पारी में चार अंकों की बढ़त के साथ महाराष्ट्र ने शानदार संरक्षण किया और महाराष्ट्र की खिलाड़ियों ने मध्यभारत को अधिक अंक नहीं बटोरने दिए। हालाँकि पहली पारी की अपेक्षा मध्यभारत ने दूसरी पारी में शानदार आक्रमण किया और 9 खिलाड़ियों को आउट किया। शुभांगी बापट

ने 3, उत्तरा पत्की ने 1, वर्षा ऊँटवाले ने 3 तथा कृपाली ऊँटवाले ने 2 खिलाड़ियों को आउट किया। इस तरह मध्यभारत ने दोनों पारियों में कुल 14 अंक अर्जित किए। महाराष्ट्र ने अपनी दूसरी पारी खेलते हुए आसानी से यह मुकाबला 14-16 के अन्तर से जीत लिया। वैशाली भट्ट ने 1.20, वैशाली वैदक ने 1.00 मिनट, मृणालिनी शिन्दे ने 1.00 तथा अर्पणा कारखानिस ने 1.45 मिनट तक संरक्षण कर अपनी टीम को जीत दिलाने में महती भूमिका निभाई।

पुरुष वर्ग में भी महाराष्ट्र ने अपनी ख्याति के अनुरूप शानदार खेल दिखाया और लीग के अन्तिम मुकाबले में मध्यभारत को आसानी से दो पारियों में 20-10 के अन्तर से पराजित किया। महाराष्ट्र और मध्यभारत ने अपने पूर्व के लीग मैचों में एक भी मैच नहीं गँवाया था, लेकिन आज मध्यभारत को पराजय का मुँह देखना पड़ा। महाराष्ट्र ने टास जीतकर आक्रमण का फैसला किया। महाराष्ट्र के खिलाड़ियों ने तेज आक्रमण के जरिये पहली पारी में मध्यभारत के 11 खिलाड़ियों को आउट किया। मध्यभारत के चन्द्रशेखर जोशी ने 2.20 मिनट तक संरक्षण किया। जोशी के अलावा राकेश चिन्तामण ही 1.10 मिनट तक संरक्षण करने में सफल रहे। राजू चिन्तामण अधिक उम्र के कारण कुछ नहीं कर सके। उनके खेल में अब वो दमखम नहीं रहा जो पहले था। महाराष्ट्र के तेज तर्रार विवेक आम्ब्रे, प्रवीण और एजास शेख ने सुन्दर आक्रमण करते हुए 2-2 खिलाड़ियों को आउट किया। नितिन जाधव भी दो खिलाड़ियों को आउट करने में सफल रहे। इस तरह महाराष्ट्र ने पहली पारी में 11 अंक अर्जित किए। महाराष्ट्र ने अपनी पहली पारी में शानदार संरक्षण किया। नरेन्द्र सावन्त ने 3.50 मिनट तक संरक्षण कर शानदार खेल दिखाया। एजास शेख ने 1.20, अभय देशपांडे ने 1.30 और नरेन्द्र शाह ने 1.20 मिनट तक संरक्षण किया। मध्यभारत के खिलाड़ी ढीले आक्रमण के कारण सिर्फ 5 खिलाड़ियों को ही आउट करने में सफल रहे।

6 अंकों की महत्त्वपूर्ण बढ़त महाराष्ट्र की जीत के लिए काफी थी।

महाराष्ट्र ने 6 अंकों की बढ़त के साथ दूसरी पारी में भी शानदार आक्रमण किया और 9 खिलाड़ी आउट किए। जबकि मध्यभारत ने अपनी दूसरी पारी के आक्रमण में सिर्फ 5 खिलाड़ी आउट किए। इस तरह महाराष्ट्र ने यह मुकाबला आसानी से 10 के मुकाबले 20 अंकों से जीत लिया। इस तरह

दोनों ही वर्गों में महाराष्ट्र की टीम ने खिताबी जीत दर्ज की। पुरुष एवं महिला वर्ग में महाराष्ट्र की पश्चिम क्षेत्र स्पर्धा में यह लगातार तीसरी विजय है।

पुरस्कार वितरण समारोह की सारी व्यवस्था चरमरा गई थी। मुख्य अतिथि (चेतन चौहान) तक को धक्का-मुक्की सहना पड़ी और वे ट्रॉफी प्रदान करना तो दूर उसे दूर से छू भी नहीं सके। समारोह को सम्बोधित करते हुए मुख्य अतिथि चेतन चौहान ने कहा कि उ.प्र. और म.प्र. में भाजपा शासन है और सरकार को चाहिए कि वह खेल नीति बनाकर खेलों का विकास करे। इस आयोजन के प्रति तथा आयोजकों के प्रति आभार माना।

खेलमन्त्री विक्रम वर्मा ने कहा कि खो-खो के इसी तरह आयोजन होते रहे तो यह खेल गाँव-गाँव में लोकप्रिय हो जाएगा। हमारा प्रयास होगा कि स्कूल-कॉलेजों में भी खो-खो को प्राथमिकता दें। अतिथियों का स्वागत म.भा. खो-खो एसो. की ओर से चन्द्रप्रभाष शेखर तथा हैप्पी वांडरर्स की ओर से पत्की ने किया।

रिपोर्ट विश्लेषण

भारतीय खेलों की सामान्य उपेक्षा को देखते हुए यह रिपोर्ट काफी जिम्मेदार लगती है। शीर्षक बड़े अक्षरों में वह प्रमुखता के साथ तीन कॉलम में दिया गया है, जो कि उचित है। आखिर यह राष्ट्रीय स्तर की स्पर्धा थी और गृहनगर इन्दौर में खेली जा रही थी।

'लीड' तीन वाक्यों में पूरी की गई। इससे पूरी रिपोर्ट का सारांश पढ़ने को मिल जाता है। अतः 'लीड' बिल्कुल ठीक बन पड़ी है। 'लीड' को छोटा करने से विचारों को व्यवस्थित तरीके से जमाना मुश्किल हो जाता।

लीड विस्तार में घटनाक्रम व तकनीकी जानकारी दी गई है, जो रोचक भी है व विस्तृत भी। खेल के नाजुक दौर के स्कोर बराबर दिए गए हैं, जो कि संघर्ष की रोचकता को स्पष्ट करते हैं।

पुरस्कार वितरण के दौरान हुई धक्का-मुक्की का भी खेल पत्रकार ने जिक्र किया है, जो उसके साहसी होने का प्रतीक है। साथ ही मुख्य अतिथि श्री चेतन चौहान द्वारा व्यक्त विचारों का समावेश भी किया गया है, जो उचित है। चेतन चौहान आज भले ही सांसद हों, पर पहले वह भारतीय क्रिकेट सितारे रहे हैं। एक खेल के सितारे द्वारा दूसरे खेल के सितारों पर टिप्पणी करना व खेल रिपोर्ट में उसका समावेश करना रोचकता बढ़ाता है।

तैराकी

18 नवम्बर, 1991 के इन्दौर के एक मशहूर दैनिक समाचार-पत्र में तैराकी प्रतियोगिता के बारे में निम्नलिख्वात रिपोर्ट छापी थी :

रिकॉर्ड तोड़ा

त्रिचूर 17 नवम्बर (प्रे)। 47वीं सीनियर राष्ट्रीय तैराकी प्रतियोगिता के अन्तिम दिन रेलवे के सेबेस्टियन जेवियर ने 100 मीटर फ्री/स्टाइल में तीन वर्ष पूर्व खजानसिंह द्वारा बनाए गए कीर्तिमान (0.54.67) को तोड़ दिया और 0.54.31 सेकेंड का नया रिकॉर्ड बनाया।

महाराष्ट्र के विशाल कपूर (0.55.66) को रजत और रेलवे के जोजफ चावड़ा (0.56.19) को कांस्य पदक मिला। ओवर ऑल टीम चैम्पियनशिप रेलवे और कर्नाटक ने 147 के समान अंकों के साथ संयुक्त रूप से जीती। 123 अंकों के साथ महाराष्ट्र तीसरे स्थान पर रहा। कर्नाटक की लॉरेन वर्गीज (47 अंक) ने छह व्यक्तिगत तथा दो रिले स्वर्ण पदक जीत कर महिलाओं की तथा महाराष्ट्र के विशाल कपूर (47 अंक) ने पुरुषों की व्यक्तिगत चैम्पियनशिप जीती।

मेजबान रेलवे ने 147 अंकों के साथ पुरुषों की और कर्नाटक ने 147 अंकों के साथ महिलाओं की टीम चैम्पियनशिप जीती।

रिपोर्ट का विश्लेषण

तैराकी के बारे में यह चौंकानेवाली रिपोर्ट एक कॉलम में तथा खेल पृष्ठ के एक कोने में छपी थी। पर शीर्षक से अचानक उत्सुकता जाग पड़ती है कि किसने,किस खेल में व किसका रिकॉर्ड तोड़ा ? अतः छोटी खबर होते हुए भी बरबस हमारा ध्यान इस रिपोर्ट की ओर चला जाता है।

'लीड' एक ही वाक्य में सिमटा दी गई है, पर इस वाक्य में कसावट काफी है। 'लीड' में शब्दों का सही इस्तेमाल किया गया है, इसीलिए यह कसावट आ पाई।

'लीड विस्तार' में पुराने कीर्तिमानों का जिक्र कर दिया गया है, जो कि पृष्ठभूमि को स्पष्ट करता है। कितने समय में दूरी पार की गई है व पुराना रिकॉर्ड

कितने समय का है, इसका भी अंकन किया गया है। इससे खिलाड़ी की क्षमता का आभास हो जाता है।

कुल मिलाकर यह संक्षिप्त लेकिन प्रभावशाली रिपोर्ट कही जा सकती है। हाँ, एजेंसी रिपोर्ट होने के कारण अंग्रेजी का प्रभाव खलता है।

टेबल टेनिस

उत्तर भारत टेबल टेनिस प्रतियोगिता का समापन नई दिल्ली में 10 नवम्बर, 1991 को हुआ था। इन्दौर के एक लोकप्रिय दैनिक में अन्तिम मैचों की रिपोर्ट यूँ छपी थीं :

रमन और राधिका को खिताब

नई दिल्ली, 10 नवं. (वार्ता)। तीसरी वरीयता प्राप्त तमिलनाडु के एस. रमन ने शानदार खेल का प्रदर्शन करते हुए शीर्ष वरीयता प्राप्त कमलेश मेहता को आज यहाँ शिकस्त देकर उत्तरी भारत टेबल-टेनिस चैम्पियनशिप का खिताब जीत लिया। महिला वर्ग में शीर्ष वरीयता प्राप्त ए. राधिका (रेलवे) ने एम.एस. मैथिली (तमिलनाडु) को हराकर खिताब पर कब्जा बरकरार रखा।

एस. रमन ने शानदान खेल का प्रदर्शन करते हुए कमलेश मेहता को 21-16, 21-19, 21-19 से पराजित किया। रमन ने राष्ट्रीग चैम्पियन मेहता पर शुरू से ही दबदबा बनाए रखा। कमलेश मेहता अपने युवा प्रतिद्वन्द्वी के हौंसले और दृढ़ इरादे के सामने एकदम उखड़े हुए थे।

पहला गेम खोने के बाद कमलेश ने अगले गेम में भरपाई की कोशिश की, मगर सफल नहीं हो सके। दूसरे गेम में काँटे का मुकाबला हुआ, लेकिन रमन कोई कसर छोड़ने को तैयार नहीं थे। तीसरे और आखिरी गेम में भी कमलेश ने रमन को छकाने की जोरदार कोशिश की, मगर रमन ने चौथे गेम की नौबत आने नहीं दी और खिताब पर अपना कब्जा जमा लिया।

मगर रमन ने फाइनल मैच लम्बा खींचने की कमलेश की कोशिशों को नाकाम कर दिया। रमन ने खूबसूरत प्लेसिंग और शाट्स का प्रदर्शन करते हुए गेम 16-14 से अपने पक्ष में कर लिया। मेहता ने रमन का मुकाबला

करते हुए 18-17 की बढ़त कायम की, लेकिन उसके बाद कमलेश की गलतियों का फायदा उठाते हुए रमन 20-18 से आगे हो गए। कमलेश ने एक गेम और मैच अंक बचाया, लेकिन रमन ने उसे फिर आगे बढ़ने का मौका नहीं देते हुए एक बढ़िया फोरहैंड शॉट खेल 21-19 से जीत दर्ज कर ली। तीसरा गेम कुल 11 मिनट तक चला।

तीसरे स्थान के लिए पिछली शाम हुए मैच में पाँचवी वरीयता प्राप्त अरुण ज्योति बरुआ (असम) ने दूसरे नम्बर के संजय घोरपड़े (महाराष्ट्र) को 21-14, 15-21, 20-21, 21-19, 21-11 से हराया।

ए. राधिका ने महिलाओं के एकल फाइनल में आशाओं के अनुरूप खेलते हुए वरीयता क्रम में अव्वल नम्बर दिए जाने के औचित्य को साबित कर दिया। राधिका ने छठी वरीयता प्राप्त एम.एस. मैथिली (तमिलनाडु) को पहले गेम में पिछड़ने के बाद 11-21, 21-17, 21-12, 21-8 से परास्त किया। आधा घंटे तक चले फाइनल में मैथिली ने अच्छे शाट्स और प्लेसिंग का प्रदर्शन करते हुए पहला गेम 21-11 से जीत लिया। लेकिन बाद के तीन गेमों में राधिका पूरी तरह हावी रही। तीसरा स्थान महाराट्र की नियोति शाह ने हासिल किया। पूर्व राष्ट्रीय चैम्पियन नियोति ने पाँचवीं वरीयता प्राप्त एन. अरुण सेलवी (तमिलनाडु) को 19-21, 21-16, 21-18, 21-19 से पराजित किया।

रिपोर्ट का विश्लेषण

तीन कॉलम चौड़ाई का शीर्षक देकर प्रतियोगिता के महत्त्व को दर्शाया गया है, जो कि सही है। शीर्षक सामान्य है। अच्छा होता, अगर राष्ट्रीय चैम्पियन कमलेश मेहता की अप्रत्याशित पराजय या कमलेश मेहता को हराकर रमन चैम्पियन जैसा शीर्षक दिया जाता। कमलेश मेहता राष्ट्रीय चैम्पियन तो हैं ही, एशिया व विश्व रैंकिंग में भी उन्हें स्थान प्राप्त है। अतः उनकी पराजय से पाठकों का चौंक उठना स्वाभाविक है। पाठक के मन में तब पूरी रिपोर्ट पढ़ने की उत्सुकता जाग उठेगी।

'लीड' यूँ तो ठीक है। पूरी कहानी का सार दो वाक्यों में ही निचोड़ कर रख दिया गया है। पर पहला वाक्य जरूरत से ज्यादा लम्बा हो गया है। एक ही वाक्य में बहुत ज्यादा कहने की प्रवृत्ति से बचा जा सकता था।

'खेल कहानी विस्तार' मे कह तो सब कुछ दिया गया है, पर तकनीकी पहलुओं की कमी लाती है। तकनीकी दृष्टि से दोनों खिलाड़ियों का मुकाबला कैसा हुआ होगा, इसका कोई दृश्य उपस्थित नहीं होता। कमलेश मेहता टेबल के नजदीक से खेलते हैं। वह बैकहैंड से 'जैब' करने में माहिर हैं तथा फोरहैंड पर बहुत ही विश्वसनीय व ताकतवर हैं। उन्हें हराने के लिए रमन ने क्या-किया होगा, इसका कहीं आभास नहीं मिलता।

अतः इसे सूचना-भर कहा जा सकता है। सम्पूर्ण खेल रिपोर्टिंग सामान्य रिपोर्टिंग से भिन्न होती है। चूँकि 'वार्ता' से यह रिपोर्ट आई थी, अतः विशेषज्ञ की रिपोर्ट इसे नहीं माना जा सकता। पर हाँ, उपरोक्त रिपोर्टिंग में सूचना पूरी है।

बिलियर्ड/स्नूकर

1991 के सितम्बर मास में नई दिल्ली में स्नूकर शृंखला का दूसरा टूर्नामेंट खेला गया। 8 सितम्बर, 1991 के इन्दौर के एक दैनिक अखबार में प्रतियोगिता के अन्तिम मुकाबले की खबर यूँ छपी :

स्टीफन हेन्ड ने जॉन पैरट को हराकर खिताब जीत लिया

नई दिल्ली 7 सितम्बर (प्रे.)। स्कॉटलैंड के 22 वर्षीय स्टीफन हेन्ड्री ने 72 हजार पाउंड की स्नकूर चैलेंज शृंखला का दूसरा टूर्नामेंट भी जीत लिया। आज उन्होंने दो चरणों के फाइनल में विश्व चैम्पियन जॉन पैरट को 9-5 से हराया। हेन्ड्री ने शृंखला का पहला टूर्नामेंट पिछले दिनों हांगकांग में जीता था। हेन्ड्री को पुरस्कार राशि के रूप में 20 हजार पाउंड (लगभग नौ लाख रुपए) मिले। उपविजेता पैरट को 10 हजार पाउंड मिले।

तीन चरणोंवाली इस शृंखला में विश्व के एक नम्बर के खिलाड़ी स्टीफन हेन्ड्री ने दो चरण जीतकर शृंखला पर कब्जा मजबूत कर लिया है। अन्तिम चरण मोन्टे कार्लो (यूरोप) में खेला जाएगा। दो टूर्नामेंट जीतकर हेन्ड्री ने 20 अंक प्राप्त कर लिए हैं। दिसम्बर में खेले जानेवाले शृंखला के अन्तिम टूर्नामेंट में यदि हेन्ड्री दूसरे राउंड तक भी पहुँच जाते हैं तो खिताब उनके

कब्जे में चला जाएगा।

हेन्ड्री ने इंग्लैंड के जॉन पैरट को 79-31, 74-22, 96-6, 1-71, 82-0, 84-1, 44-87, 90-22, 74-1, 7-108, 42-78, 104-0 व 75-21 से परास्त किया। पिछले दो सत्रों में हेन्ड्री खिताब जीत चुके हैं।

सुबह के सत्र में फाइनल मैच का पहला चरण खेला गया। उसमें हेन्ड्री, पैरट से 5-3 से आगे रहे थे। दूसरा चरण दोपहर बाद खेला गया, जिसमें हेन्ड्री ने अपने फ्रेमों की संख्या कुल नौ कर फाइनल जीत गया। फाइनल मैच 17 फ्रेमों का था। दूसरे चरण के पहले दो फ्रेम तो हेन्ड्री ने मात्र 20 मिनट में जीत लिए।

गोल्डन बैर्न के नाम से प्रसिद्ध हेन्ड्री ने कहा, ''आज मैं बहुत अच्छा खेल रहा था। जब भी मैं अच्छा खेलता हूँ, मैं अपने विपक्षी को अच्छे अन्तर से हरा सकता हूँ।'' फाइनल मैच साढ़े तीन घंटे तक चला।

27 वर्षीय पैरट ने इस वर्ष मई मास में विश्व स्नूकर खिताब जीता था। उन्होंने कहा था, ''मैं बहुत कमजोर था, मैं अच्छा नहीं खेल पाया।'' पैरट जब से दिल्ली में आए तब से ही वे पेट की गड़बड़ से पीड़ित हैं।

स्टीफन हेन्ड्री ने पिछले वर्ष स्नूकर का विश्व खिताब जीता था। 21 वर्ष की उम्र में विश्व खिताब जीतनेवाले हेन्ड्री तब विश्व के सबसे युवा चैम्पियन बने थे। यद्यपि सुबह के सत्र में कार्यक्रम के अनुसार केवल सात फ्रेम खेले जानेवाले थे लेकिन आयोजकों ने सात बजाए आठ फ्रेम सुबह के सत्र में रख दिए। हेन्ड्री के लिए यह परिवर्तन शुभ ही सिद्ध हुआ।

आज के मैच में सिर्फ एक सेंचुरी ब्रेक हेन्ड्री ने 12वें फ्रेम में बनाया। पूरे टूर्नामेंट में पैरट ने चार सेंचुरी ब्रेक बनाए। लेकिन आज वे एक भी सेंचुरी ब्रेक नहीं बना पाए। उनका उच्चतम ब्रेक 132 का था। हेन्ड्री ने क्वार्टर फाइनल में एक सेंचुरी ब्रेक लगाया था।

रिपोर्ट का विश्लेषण

तीन कॉलम का शीर्षक है, जो कि उपयुक्त लगता है। शीर्षक से कहानी को पढ़ने की उत्सुकता जागती है।

'लीड' यूँ तो ठीक है, पर आदर्श नहीं कही जा सकती। एक विचार को एक वाक्य में कहने की कोशिश की गई है, जो ठीक भी है। पर लीड में इतने ज्यादा वाक्य उपयुक्त नहीं लगते। लीड में से आखिरी दो वाक्यों को निकालकर 'लीड

विस्तार' में जगह दी जा सकती थी।

स्कोर गलत लिखे गए हैं। खेल कहानी में वर्णित स्कोर व फ्रेम के स्कोर में विरोधाभास है, जो अखरनेवाली चीज है। स्कोर लिखने में कभी गलती नहीं करनी चाहिए।

भावानुवाद करने के बजाय सीधा अनुवाद किया गया है। वाक्यों की बनावट इसीलिए अंग्रेजी से प्रभावित है।

पर पूरी कहानी में एक सम्पूर्णता जरूर है। भले ही अव्यवस्थित रूप से हो, पर सारी जरूरी बातें इसमें आ जरूर गई हैं।

शतरंज

भोपाल ने पाँचवीं एशियन महिला शतरंज प्रतियोगिता आयोजित हुई थी। इन्दौर के एक प्रतिष्ठित दैनिक में 28 अक्टूबर, 1991 को निम्नलिखित रिपोर्ट छपी थी :

भाग्यश्री ठिप्से जीत के करीब पहुँची

भोपाल 27 अक्टूबर (वार्ता)। राष्ट्रीय महिला शतरंज चैम्पियन भाग्यश्री ठिप्से (सात अंक) वरीयता क्रम में सबसे नीचे स्थान प्राप्त इंडोनेशियाई खिलाड़ी इमासनीति (आधा अंक) पर जीत दर्ज करते हुए आज पाँचवीं एशियन महिला शतरंज चैम्पियनशिप जीतने के एकदम करीब पहुँच गई हैं।

आठवें राउंड में 31 वर्षीय राष्ट्रीय चैम्पियन ने 46 चालों में जीत दर्ज करते हुए चैम्पियनशिप की शीर्ष वरीयता प्राप्त चीन की खिलाड़ी निंग चुन होंग (साढ़े छह अंक) से आधे अंक की बढ़त बनाए रखी। होंग ने बाँग्लादेश की तनीमा परवीन (दो अंक) पर 34 चालों में प्रभावशाली जीत दर्ज की।

अन्तिम राउंड एक दिन के विश्राम के बाद मंगलवार को खेला जाएगा। इसमें भाग्यश्री ठिप्से, बाँग्लादेश की शबाना परवीन (साढ़े चार अंक) तथा निंग चुन होंग भारत की अन्तर्राष्ट्रीय महिला मास्टर एन. सरिता (साढ़े चार अंक) का सामना करेंगी। भाग्यश्री अगर अन्तिम बाजी बराबर भी करती हैं तो भी अच्छे प्रोग्रेसिव अंकों के आधार पर चैम्पियनशिप जीत लेंगी।

आज के अन्य मैचों में सरिता, इंडोनेशिया की लिंदरी विजयन्ती (साढ़े पाँच अंक) से हार गईं। अनुपमा गोखले (चार अंक) तथा शबाना परवीन

(साढ़े चार अंक) की बाजी बराबर रही तथा मंगोलिया की बेटसेट सेग (साढ़े तीन अंक) ने किरण अग्रवाल (दो अंक) को हरा दिया।

भाग्यश्री की मॉर्डन डिफेंस पद्धति में इमासनीति के विरुद्ध कोई परेशानी नहीं हुई तथा खेल के अन्तिम चरण में उन्होंने इंडोनेशियाई खिलाड़ी को एक्सचेंज देने पर बाध्य कर 46 चालों में जीत अर्जित की।

रिपोर्टिंग का विश्लेषण

शीर्षक चार कॉलम का दिया गया है, जो कि भारतीय खिलाड़ी की जीत के आसार के सन्दर्भ में उचित है।

'लीड' में कसावट नहीं है। एक ही बड़े वाक्य में बहुत कुछ कहने की कोशिश की गई है। इस 'लीड' में भाषा की सुघड़ता भी नहीं है। जैसे-तैसे घटना को दर्ज कर दिया गया है। 'वार्ता' से आई रिपोर्ट को खबर में तब्दील करनेवाला खेल पत्रकार शतरंज के बारे में लिखने में बोरियत महसूस करता लगता है। इसीलिए 'टाइम्स ऑफ इंडिया' जैसे बड़े अंग्रेजी अखबार में हर खेल पर लिखनेवाले विशेषज्ञ हैं। पर छोटे भाषायी अखबारों की स्थिति अभी इतनी अच्छी नहीं है कि वे हर खेल के लिए विशेष रिपोर्टर नियुक्त कर सकें।

लीड-विस्तार में कसावट जरूर है, पर सीधे अनुवाद करने की प्रवृत्ति से पत्रकार उबर नहीं पाया है। 'मॉर्डन डिफेंस पद्धति' व 'एक्सचेंज' जैसे अंग्रेजी शब्द हिन्दी की खेल रिपोर्टिंग में खलते हैं।

'मॉडर्न डिफेंस पद्धति' की जगह आधुनिक रक्षण शैली लिखा जा सकता था तथा 'एक्सचेंज' की जगह 'मोहरों की बदली कर ली' का प्रयोग किया जा सकता था।

7
खेल भेंटवार्ता

इंटरव्यू या भेंटवार्ता करना अपने-आप में एक महती कला है। इसके लिए पूर्व तैयारी, बोलने की कला, जवाबों पर नए सवाल तुरन्त गढ़ने की कला व मानवीय दृष्टिकोण समझने की क्षमता जरूरी है। इतना ही नहीं, इसके लिए आत्मविश्वास बहुत जरूरी गुण है।

यह नहीं भूलना चाहिए कि खिलाड़ी आज ग्लैमर की दुनिया का प्रमुख अंग बन गया है, इसलिए वह महत्त्वपूर्ण भी है। किसी क्रिकेट या टेनिस खिलाड़ी से लिया गया साक्षात्कार पाठक बड़े चाव से पढ़ते हैं। चयन समिति के चेयरमैन से विवादग्रस्त विषयों पर बात करना भी दिलचस्प हो सकता है। समाज में अपने महत्त्व को खिलाड़ी भी समझ गए हैं। इसलिए उनका मिजाज कभी-कभी बदला हुआ नजर आता है। ऐसे में इंटरव्यूज करनेवाले का आत्मविश्वास कसौटी पर चढ़ आया है।

कई खिलाड़ी व खेल पदाधिकारी अर्न्तमुखी होते हैं और जवाबदेही से

परेशानी अनुभव करते हैं। ऐसे खिलाड़ियों या पदाधिकारियों से चाही बातें उगलवा लेना एक कला है। इसके लिए विषय का अच्छा ज्ञान तो होना जरूरी है ही, वाक्-चातुर्य भी चाहिए। न केवल आपको अपने आप में आत्मविश्वास होना चाहिए, बल्कि इंटरव्यू देनेवाले को भी आप में विश्वास होना चाहिए।

हर खेल कथा का कोई-न-कोई नायक व खलनायक होता ही है। अतः उससे मुलाकात करके इंटरव्यू छापना न केवल अखबारों की लोकप्रियता व पठनीयता के लिए अच्छा है, बल्कि पाठक भी इसे बहुत पसन्द करते हैं। इसलिए साक्षात्कार लेनेवाले पत्रकार को मानवीय सम्बन्धों की भी जानकारी होनी चाहिए। क्योंकि खेल के मैदानों पर जितनी मानवीय भावनाएँ दिखाई देती हैं, उतनी शायद किसी अन्य क्षेत्र में नहीं। इसीलिए कहा जाता है कि खेलकूद वास्तव में जीने का तरीका ही तो है। खुशी, गम, गठजोड़, दिलतोड़ व नाटकीय सभी तरह की घटनाएँ खेल मैदानों पर देखी जा सकती हैं।

हर इंटरव्यू एक जैसा नहीं हो सकता। केवल प्रश्नोत्तरों से भरा साक्षात्कार रुखा व नीरस साबित हो सकता है। साक्षात्कार का लक्ष्य ही है दिलचस्पी बनाए रखना व सच्चाई की तह तक पहुँचने में मदद करना। इसलिए साक्षात्कार किसी भी ज्वलन्त खेल समस्या व उसके समाधान के नए आयाम खोल देता है।

यूँ तो साक्षात्कार करने के लिए भी एक नियत खाके का उपयोग किया जा सकता है, पर अनुभवी खेल पत्रकार ऐसा नहीं करते। फिर भी इस बात से इनकार नहीं किया जा सकता कि नए खेल पत्रकारों के लिए नियत खाके के आधार पर मुलाकात लेना आसान व सुविधाजनक होता है। अच्छा साक्षात्कार करने में अनुभव भी बहुत जरूरी चीज है। अनुभवी खेल पत्रकार बड़े आराम से अपनी मुलाकात पूरी कर लेता है। इसके लिए खेल पत्रकारों में निम्नलिखित गुण होने चाहिए—

—पूर्व अभ्यास व तैयारी
—वक्त के हिसाब से अपने-आपको ढाल लेने की कला
—बुद्धिमत्ता
—उत्सुकता
—बेहतर व्यक्तित्व
—व्यवहार कुशलता।

जिन खेल पत्रकारों में उपरोक्त गुण होते हैं वे बेहतर साक्षात्कार कर लेते हैं और सफल खेल पत्रकार कहलाते हैं। एक बात कभी नहीं भूलनी चाहिए कि साक्षात्कार करने की कला अनुभव के साथ सुधरती जाती है। अतः कभी साक्षात्कार दिलचस्प न हो तो निराश नहीं होना चाहिए।

साक्षात्कार का पेशेवर दृष्टिकोण

कई खेल पत्रकार यह समझते हैं कि जिस सितारे से इंटरव्यू किया जा रहा है, उससे मुश्किल प्रश्न पूछने चाहिए। मेरे ख्याल से यह गलत तरीका है। सरल व कठिन सभी तरह के सवाल पूछने चाहिए, पर जिससे साक्षात्कार लिया जा रहा है, उसके प्रति सम्मान की मूल भावना हमारे मन में होनी चाहिए। इसीलिए साक्षात्कार करने के पहले विषय-वस्तु दिमाग में हो, तो बेहतर। किसी ने सही कहा है "खेल पत्रकारिता का पहला सिद्धान्त है कि आप जो जानना चाहते हैं, वह तो आपको मालूम होना ही चाहिए। कई नए खेल पत्रकारों को इस सरल नियम का ध्यान नहीं रहता है। वह साक्षात्कार नीरस व मृतप्राय लगता है, जिसमें भेंटकर्ता को मालूम ही न हो कि भेंट से वह निकलवाना क्या चाहता है ?

तैयारी

जिस खिलाड़ी या चयनकर्ता या खेल पदाधिकारी से आपको साक्षात्कार करना है, उसके बारे में आपको पहले से काफी कुछ मालूम होना चाहिए और उस विषय के बारे में जिस पर आप चर्चा करना चाहते हैं। भेंटवार्ता लेनेवाला अगर अज्ञानी होता है तो साक्षात्कार देनेवाला गुस्से से भर सकता है।

अगर आप सुनील गावस्कर से भेंटवार्ता करने जा रहे हैं, तो आपको मालूम होना चाहिए कि उन्होंने टेस्ट क्रिकेट में कितने शतक लगाने का कीर्तिमान रच रखा है। आपको यह भी ज्ञात होना चाहिए कि टेस्ट क्रिकेट में सबसे ज्यादा रन बनानेवाले खिलाड़ी से आप बात कर रहे हैं। यह जानकारी भी आपको होनी चाहिए कि वह भारतीय क्रिकेट के कप्तान भी रहे हैं और भारत के लिए उद्घाटक बल्लेबाज की हैसियत से खेलते रहे हैं। अगर आपको ये बातें नहीं मालूम तो खिलाड़ी आपको यूँ ही टरका देगा या आपकी उपेक्षा करेगा। यह भी हो सकता है कि ऐसा महान खिलाड़ी आपको इंटरव्यू देने से इनकार कर दे।

प्रतिक्रिया का महत्त्व

जहाँ तक बन सके भेंटवार्ता इस तरह लीजिए कि जवाब देनेवाले को बोलने व प्रतिक्रिया व्यक्त करने का ज्यादा मौका मिले। यह ध्यान रखिए कि पाठक खेल सितारे के विचार जानने के लिए इंटरव्यू पढ़ रहा है। वह इस वक्त आपके विचार जानना नहीं चाहता। सवालों का एकदम से हमला नहीं बोल देना चाहिए। खेल सितारे को स्वयं ही पहले खुलकर बोलने का मौका देना चाहिए। इससे उसके व आपके बीच एक अनकहा दोस्ताना रिश्ता कायम हो जाता है। एक बार उसमें आपके प्रति विश्वास पैदा हो गया, तब आप उससे वह सब पूछ सकते हैं जिसके लिए आप साक्षात्कार लेने आए हैं। हर खेल सितारे का व्यवहार व मिजाज परिस्थितियों की तरह ही अलग-अलग होता है। हमें ध्यान रखना चाहिए कि हम अपने व्यवहार व प्रश्नों को उसके मिजाज के हिसाब से संचालित करें।

रिकॉर्ड रखें

साक्षात्कार लेते वक्त कोई डायरी या छोटा टेप रिकॉर्डर साथ रखना चाहिए। अधिसंख्य खिलाड़ियों या खेल पदाधिकारियों को साक्षात्कार देते समय यह भय लगा रहता है कि वे जो कुछ कह रहे हैं, वही छपनेवाला है या घट-बढ़कर कुछ अन्य ही छप जानेवाला है। पर आपको नोट करते देखकर वह कुछ आश्वस्त हो जाता है।

लेकिन साक्षात्कार शुरू होते ही डायरी निकालकर नोट करने से भेंट देनेवाला व्यक्ति अचानक अस्वाभाविक हो जाता है और सवाल-जवाबों का जायका चला जाता है। अतः यह जरूरी है कि साक्षात्कार देनेवाला व्यक्ति स्वाभाविक रहे। इसके लिए धैर्य व चतुराई की आवश्यकता है। खिलाड़ी के कुछ विचारों की तारीफ कीजिए और अपनी डायरी निकालते हुए कहिए कि वह बढ़िया बात तो सही तरह से नोट की ही जानी चाहिए। इससे खिलाड़ी स्वाभाविकता नहीं छोड़ेगा और आपका साक्षात्कार ठीक से संचालित हो सकेगा।

जिस खेल व्यक्तित्व से आप साक्षात्कार ले रहे हों, उससे कभी भी उसका नाम, कार्य या पद न पूछिए। इतना तो भेंटकर्ता को स्वयं मालूम होना चाहिए। यह नहीं भूलना चाहिए कि अपनी उपलब्धि के गुण गाना इंसान की सबसे बड़ी कमजोरी है। सही वातावरण में हर सफल व्यक्ति अपनी सफलता के गीत गाना चाहेगा। ऐसा वातावरण तैयार करिए जिसमें वह ऐसा कर सकें। भेंटकर्ता का

मकसद भी यही होना चाहिए, क्योंकि किसी भी सफल व्यक्ति की कहानी एक दिलचस्प व अनुकरणीय कहानी होती है।

उन खेल पत्रकारों के लिए जिन्होंने अपने कार्य जीवन की शुरुआत ही की है, निम्नलिखित बातें महत्त्वपूर्ण है–

–आप भले ही उस व्यक्तित्व की ओर देख रहे हो, जिससे साक्षात्कार कर रहे हैं, पर आपको लिखते रहने का अभ्यास होना चाहिए। कई बार भेंटवार्ता के स्थान पर प्रकाश कम होता है, ऐसे में भी उपरोक्त अभ्यास काम आएगा।

–सुनते-सुनते लिखने की आदत भी डालना चाहिए अन्यथा ऐसा हो सकता है कि कुछ श्रेष्ठ बातें आप छोड़ दें।

–अगर आप डायरी का इस्तेमाल करते हों, तो ऐसी डायरी लीजिए, जो छोटी तो हो, पर आराम से हाथों में आ सके। डायरी ऐसी हो, जिसके पृष्ठों को आसानी से पलटा जा सके।

–प्रमुख शब्दों व नामों को ठीक से नोट करना चाहिए। साथ ही जरूरी पृष्ठभूमि भी लिखनी चाहिए। अगर आप किसी इंटरव्यू या पत्रकार परिषद में जा रहे हों, तो वे प्रश्न नोट कर लें, जिन्हें आप पूछना चाहते हो। प्रश्नों के साथ ही जवाब की समुचित जगह भी छोड़ दें। पूर्व तैयारी अगर हो तो आपका समय नष्ट नहीं होता और आप ज्यादा सजगता व प्रभावशाली तरीके से अपने प्रश्न पूछ सकते हैं।

–नोट लिखते वक्त 'लीड' पर भी नजर रखिए। लीड अगर उसी वक्त ही दिमाग में बैठ गई, तो बाकी रिपोर्टिंग आसान हो जाती है।

–महत्त्वपूर्ण सवाल-जवाबों को चिह्नित कर दीजिए, ताकि आपकी खेल कथा बनते वक्त उनका ठीक जगह समावेश हो सके।

–सही सूचनाएँ एकत्रित करने के लिए जरूरी है कि आप अपनी नजर व कान दोनों सजग रखें।

–डायरी में लिखने के बाद एक सरसरी निगाह से देख लेना चाहिए कि जो कुछ आपने लिखा है, वह आपको ही समझ में आ जाएगा या नहीं। यह भी निश्चित कर लीजिए कि आपने अपने प्रश्न पूछ लिए हैं या नहीं ? अगर कोई जवाब आपको स्पष्ट नहीं हो पाया तो पुनः पूछने में कोई शर्म या संकोच नहीं करना चाहिए।

–अपने खेल साक्षात्कार को जितनी जल्दी हो सके लिख डालिए क्योंकि तब तक आपके दिमाग में सारी मुलाकात ताजी रहेगी। नोट बनाने के पहले या बाद

में दिनांक लिखना न भूलें।

—आप जब अपने प्रश्न पूछ रहे हों, तब जवाब सुनते वक्त आपको लगेगा कि कुछ और प्रश्न रहे हैं। जब भी आपके मन में ऐसी बात उठे, संकोच मत करिए। नए सवाल भी पूछ डालिए। पर यह न भूलिए कि साक्षात्कार कोई प्रश्नोत्तरी नहीं है। यह दो लोगों के बीच दिलचस्प वार्तालाप है। इसकी लय बराबर मिलनी चाहिए।

भेंटवार्ता व भेंटकर्ता की हिस्सेदारी कितनी हो ?

अगर भेंट देनेवाला ही लगातार बोलता रहे, तो भेंटवार्ता एकदम नीरस हो जाएगी या अगर भेंटकर्ता इतना अधिक अपना वजन थोपे कि भेंटदाता को बोलने का कम अवसर मिले, तो भेंटवार्ता का कबाड़ा ही बैठ जाएगा। अतः इंटरव्यू इस तरह का होना चाहिए कि दिलचस्प प्रश्न पूछे जाएँ ताकि जवाब दिलचस्प बन पड़े। इसके लिए भेंटदाता के लिए उचित वातावरण व भूमिका तैयार करना भेंटकर्ता का काम है।

आपकी बातों से भेंटदाता खिलाड़ी या पदाधिकारी में उत्साह भर आना चाहिए। ऐसा हो जाना चाहिए कि वह अपना दिल उँड़ेलकर आपके समक्ष रख दे। केवल सवाल पूछना ही सब कुछ नहीं है। आपको इस तरह की बातें बीच-बीच में बोलते जाना चाहिए ताकि भेंटदाता को लगे कि आप उसकी बात ध्यान से सुन रहे हैं और आपको उसकी बातें दिलचस्प लग रही हैं।

पर एक बात का हमेशा ध्यान रहे कि भेंटदाता पर हावी होने की कोशिश कभी नहीं करनी चाहिए। इससे आपके अहम् की भले ही तुष्टि होती हो, पर आपका अहम् सामाजिक दायित्व से बड़ी चीज नहीं है। कई नए खेल पत्रकार इस भावना के शिकार हो जाते हैं कि उन्हें उस विषय में ज्यादा नहीं मालूम। इसमें डरने की कोई बात नहीं, क्योंकि सभी कुछ मालूम होता तो इंटरव्यू करने की जरूरत ही क्यों पड़ती

पहले सरल सवाल

कई बार ऐसे कठिन सवाल भी करने होते हैं, जिनसे भेंटदाता नाराज हो उठता है। पर फिर भी पाठकों की दिलचस्पी के लिए ऐसे सवाल करने होते हैं। अतः यह ध्यान रखना चाहिए कि किसी प्रसिद्ध खिलाड़ी या खेल पदाधिकारी से

मुलाकात करते वक्त कड़वे सवाल बाद में किए जाएँ। हो सकता है कि वह नाराज हो जाए और आपसे आगे बात करने से ही इनकार कर दे। अगर ऐसा सवाल पहले कर दिया, तो आपकी भेंटवार्ता ही बेकार हो जाएगी।

अतः साक्षात्कार का पेशेवर तरीका है कि सरल सवाल पहले व कड़ुवे सवाल बाद में, ताकि बात बिगड़ने के पहले आप काफी कुछ पूछ चुके हों। सरल सवाल दोस्ताना किस्म के हों तो बेहतर, ताकि भेंटदाता व आपके बीच विश्वास का एक सम्बन्ध कायम हो जाए। कुल मिलाकर भेंटदाता की प्रतिक्रियाओं को प्रोत्साहित किया जाना चाहिए।

'क्यों' पूछने में शर्म कैसी ?

कई बार ऐसा होता है कि भेंटदाता कई बातें ऐसी बोलता है जिनकी सच्चाई के बारे में सन्देह उत्पन्न हो जाता है। ऐसी स्थिति में उससे पूछ लेना चाहिए कि ऐसा क्यों ? तब उसे भी अपनी बात स्पष्ट करने का मौका मिलेगा और आपकी उत्कंठा को सन्तोष। क्यों ? पूछने पर एक-दो मामलों में भेंट देनेवाले खिलाड़ी का मिजाज बिगड़ सकता है, पर इसकी परवाह आपको करने की जरूरत नहीं है। आपका दायित्व उसका मिजाज ठीक रखना नहीं, बल्कि आपका दायित्व है अपने पाठकों को सूक्ष्मतम सूचनाएँ देना।

'धर्मयुग' साप्ताहिक के लिए मैंने भारतीय क्रिकेट सितारे कपिल देव से साक्षात्कार किया था। वही यहाँ साभार प्रस्तुत है। इसके साथ ही 'धर्मयुग' में ही प्रकाशित सीमा भंडारी का इंटरव्यू भी प्रस्तुत है।

उदाहरण : 1

"देखिए, मैं खेल रहा हूँ"

(कपिल देव से कमेंटरीकार सुशील दोषी की बातचीत)

शुक्र है, कपिल खेल रहे हैं, वरना हम लोग अभी 'एक था राजा' की तर्ज पर 'एक था सुनील' और 'एक था कपिल' की तरह किस्से-कहानियाँ सुनते-सुनाते रहे होते। सुनील तो अपने बल्ले के करिश्मे से पूरी दुनिया पर अपना दबदबा जमाते हुए इतिहास का एक उजला सफा बन गए। लेकिन कपिल अब भी मैदान में हैं। उनका मैदान में होना पुराने दिनों की साख की वजह से नहीं है। वे अपने मौजूदा खेल के दम पर मैदान में हैं।

कपिल आज भी कपिल हैं। टेस्ट क्रिकेट में सबसे ज्यादा विकेट गिराने में दुनिया के दूसरे क्रम के गेंदबाज। अन्तर्राष्ट्रीय क्रिकेट में बारह साल तक धूम मचाने के बाद भी आज जिस चुस्ती, ताजगी और दमखम के साथ कपिल ने गेंदबाजी का अपना छोर पकड़ रखा है, उसे देखते हुए तो सिर्फ यही कहा जा सकता है कि कपिल के आगे अब कोई नहीं है—केवल सर रिचर्ड हैडली ? गरज यह है कि वे भी कितने दिन तक आगे रह पाएँगे—क्योंकि, "सर, कपिल आ रहा है।"

यह कपिल की शान में यों ही लिख दिया कसीदा या मजाहिया जुमला नहीं है। कपिल आज भी बल्लेबाजों के पाँवों से चढ़कर उनकी ग्रिप तक रेंगती दहशत है। याद है ना, ईडन गार्डन्स में एशिया कप प्रतियोगिता का फाइनल ? कितनी सुविधाजनक स्थिति में खेल रहा था श्रीलंका, कि कपिल आए गेंद लेकर। और ओवर की आखिरी गेंद पर एक विकेट और अगले ओवर की पहली दो गेंदों पर फिर लगातार दो विकेट—हैटट्रिक ? एक दिवसीय मैचों में कपिल की पहली हैटट्रिक ! हैटट्रिक एक करिश्माई उपलब्धि होती है गेंदबाज के लिए इसीलिए हैटट्रिक विरल होती है। फिर गेंदबाजी में तो आपका अनुभव भी काम आता है। लेकिन एक खिलाड़ी सौ फीसदी खिलाड़ी महज अनुभव के बूते पर तो हो नहीं सकता—पहली दरकार ही शारीरिक और मानसिक चुस्ती और दमखम की होती है। और मानना पड़ेगा, कपिल वहाँ भी अव्वल हैं। पिछले इंग्लैंड दौरे के वक्त पूरी टीम के स्वास्थ्य परीक्षण में कपिल ही सबसे अव्वल थे, जबकि वे टीम के दूसरे सबसे बुजुर्ग खिलाड़ी थे। फिर उस चंडीगढ़ टेस्ट को भूलना तो अब नामुमकिन है, क्योंकि वहीं तो कपिल ने श्रीलंका के तिलकरतने को अपना 376वाँ शिकार बनाया था। लेकिन श्रीलंका की पहली पारी में उन्होंने जिस सहज आसानी से गेंद फेंकते हुए मदुरासिंघे को रन आउट किया था, उससे पता चलता है कि 32 बरस के कपिल अपनी उम्र से कितने पीछे खड़े हैं। यह दावा तो खुद कपिल भी करते हैं कि वे मैदान पर अपना सौ फीसदी कौशल प्रस्तुत करते हैं। जिस दिन वे सौ फीसदी से नीचे खिसकेंगे, मैदान छोड़ देंगे।

फिलहाल तो छोड़ने की नहीं, डटे रहने और डटकर झपट लेने की बात है। फिर भी हल्की सरसराहट से ज्यादा कुछ नहीं। टेस्ट क्रिकेट में 376 विकेट सिर्फ हैडली के 431 विकेट से 55 विकेट ही कम होते हैं और यह कोई कम बात तो नहीं। फिर भी गावस्कर के 30वें शतक पर जिस तरह

माहौल गरमाया था, वैसी कोई न तपिश, न गरमाहट ! एक खास उपलब्धि के शिखर पर खड़े कपिल से इसी सवाल से बात शुरू करने में झिझक महसूस हो रही थी। लेकिन पूछ ही लिया और जब जवाब आया तो वह उतना ही सहज व सीधा जैसे कि कपिल खुद हैं। "गावस्कर के 30 शतक बना लेने पर जितना तहलका मचा, उतना अगर कपिल के 376 विकेट ले लेने पर नहीं हुआ, तो मुझे कोई आश्चर्य भी नहीं हुआ। क्रिकेट तो है ही बल्लेबाजों का खेल। पाँच विकेट लेनेवाले के बजाय मैच में शतक बनानेवाले खिलाड़ी को ही 'मैन ऑफ द मैच' का खिताब मिला करता है। यह भारत की ही नहीं, पूरी क्रिकेट दुनिया की रीत बन गई है। मैं इस बात का अफसोस नहीं कर रहा। मेरा काम है खेलना। आप देख रहे हैं और आप मानेंगे कि मैं पूरे मन से, पूरे इरादे के साथ खेलता हूँ। मुझ पर यह आरोप नहीं लगाया जा सकता कि मैंने कोशिश नहीं की।"

बेशक, कपिल की कोशिशों पर कैसे उँगली उठाई जा सकती है। क्रिकेट में कपिल कथा की शुरुआत एक कोशिश से ही तो होती है। अच्छा हुआ, कपिल के स्कूल में कोई तेज गेंदबाज नहीं था, इसलिए जरूरत पड़ने पर कपिल ने बस यही सोचा था कि चलो, कोशिश करते हैं और उस स्कूली लड़के की कोशिश ने एक जबरदस्त तेज गेंदबाज को ही जन्म नहीं दिया, एक विश्वस्तरीय और धाकड़ आलराउंडर को भी स्थापित कर दिया। वरना हो सकता था कि उस वक्त स्कूल में तेज गेंदबाज की जरूरत नहीं होती और कपिल किसी और खेल मैदान की तरफ चल देते। तब लेकिन किसी अन्य खेल का फायदा क्रिकेट के नुकसान में तब्दील हो जाता।

बहरहाल फायदा भारतीय क्रिकेट का ही हुआ। यहाँ तक कि जो लोग अभी साल-भर पहले तक भारतीय क्रिकेट के फायदे के इस सोते के सूख जाने की घोषणा कर रहे थे, वे खुद अब हैरत में हैं। हालाँकि यह अजीब है, मगर सही है कि फायदे की कोई नदी हमें जितनी प्रिय होती है, उसके सूख जाने पर उतनी ही बेरुखी से हम उससे निगाहें फेर लेते हैं–प्रायः हर नायक को हश्र के इसी दरवाजे से विदा होना पड़ता है। पर कपिल क्या वाकई उसी दरवाजे की चौखट पर खड़े दिख रहे थे ? उनकी विदाई का सवाल इस कदर कर्कश हो गया था कि कपिल को जवाब में यह तक कहना पड़ा था कि "अगर मैं देश पर ऐसा बोझ बन गया हूँ, तो मैं टीम से हटने को तैयार हूँ।"

उनकी ही बात जब उन्हें याद दिलाई, तो कपिल कहने लगे, ''आप जब बेहतरीन खेल का प्रदर्शन करते हैं, तो आपसे लोगों की अपेक्षाएँ बढ़ जाती हैं, फिर वे कभी कम नहीं होतीं। ऐसे में कभी आप अपेक्षाओं पर खरे नहीं उतरे, तो लोगों की नाराजगी का शिकार तो होना ही पड़ता है, आपके ऊपर भी अतिरिक्त दबाव आ जाता है। मैं तो सिर्फ एक बात कहना चाहता हूँ कि मैं शुरू से ही स्वाभिमानी खिलाड़ी रहा हूँ। कोई यह न समझे कि मैं कीर्तिमानों की खातिर खेल रहा हूँ। साफ बात यह है कि चूँकि मैं अच्छा खेल रहा हूँ, इसलिए कीर्तिमान अपने-आप बन रहे हैं। मैं कीर्तिमानों का पीछा नहीं कर रहा, कीर्तिमान मेरे पीछे आ रहे हैं। मैं फिजीकली और मेंटली पूरी तरह चुस्त और दुरुस्त हूँ और देश को अपना सर्वश्रेष्ठ दे पा रहा हूँ। इसलिए चार-पाँच साल और खेलना मुश्किल नहीं लगता।''

शायद इसलिए खुद सर रिचर्ड हैडली ने भी सिर्फ एक ही खिलाड़ी को इस पाए का माना है, जो उनके अधिकतम टेस्ट विकेट के कीर्तिमान से आगे निकल सकता है–कपिल ? क्या कपिल का अगला लक्ष्य यही है ?

''नहीं, मैं कोई लक्ष्य इस तरह निर्धारित नहीं करता। मेरा अगला लक्ष्य तो अगला मैच ही होता है। निकट भविष्य में 400 विकेट पूरे हो सकते हैं, फिर 425-450 विकटों के बीच पहुँच सकता हूँ। इसी बीच सर रिचर्ड हैडली का कीर्तिमान कहीं पीछे छूट सकता है। लेकिन मैं फिर कह रहा हूँ, मैं इस लक्ष्य के लिए नहीं खेल रहा हूँ। मैं खेल रहा हूँ, क्योंकि मैं शारीरिक और मानसिक रूप से फिट हूँ।'' लगा, जैसे कपिल को अपनी लय मिल गई और वे एक सहज रौ में अपनी बात खोलते चले गए, ''देखिए, मैं यह नहीं मानता कि 35-40 साल तक पहुँचते-पहुँचते ताकत और दमखम ढलान पर आ जाते हैं। खिलाड़ी की चुस्ती-फुर्ती और शारीरिक क्षमता, उसकी इच्छाशक्ति पर भी बहुत कुछ निर्भर करती है। वैसे देखो, तो सन्दीप पाटील 27 साल की उम्र में टेस्ट क्रिकेट से रिटायर हो गए थे, लेकिन वहीं जैफ बायकॉट 40 साल के होकर भी अपनी बल्लेबाजी के जौहर दिखाते थे। यानी मैं फिटनेस की बात कर रहा हूँ। वही जरूरी है।''

सही है, फिटनेस तो बुनियादी जरूरत है। लेकिन कपिल अगर कपिल है, तो उसके फिटनेस से अलग, कुछ तकनीकी कारण हैं। कपिल की सनसनाती कुदरती 'आउट स्विंगर' का आतंक क्या होता है, यह तो उस गेंद के सामने क्रीज पर लड़खड़ाते धुरंधर बल्लेबाज ही बेहतर बता सकते हैं।

मगर इस हथियार और उनकी धार की असलियत क्या है, यह कपिल से बेहतर कौन बता सकता है ? सो पूछा, तो कपिल ने कहा, ''मैं बहुत भाग्यशाली हूँ कि मेरा एक्शन 'साइड ऑन' (गेंद फेंकते वक्त बायाँ कन्धा बल्लेबाज की तरफ) होता है। अब वैसे तो किताबों में लिखा रहता है कि 'आउट स्विंग' करने के लिए 'साइड ऑन एक्शन' जरूरी है, लेकिन लयबद्ध तरीके से ऐसा कर पाना बहुत मुश्किल होता है। सही एक्शन और लय कुदरती देन भी होते हैं। फिर, दुनिया-भर के खिलाड़ियों के साथ खेलते हुए तजुर्बे भी मिलते हैं, सबक भी मिलते हैं। जैसे डेनिस लिली और माइकल होल्डिंग से मैं बहुत ज्यादा प्रभावित था। इस प्रभाव से भी मेरी गेंदबाजी में सुधार आया। हैडली, मार्शल और इमरान ने भी अपनी गेंदबाजी को बाद में बहुत निखारा।''

और जब विश्व के इन आलराउंडरों से लोग तुलना करते है। तो कैसा लगता है ? इमरान ने तो अपनी किताब में खुद ही तुलना करते हुए लिख दिया है कि कपिल उनसे बेहतर बल्लेबाज है।

''इमरान मेरे बारे में क्या सोचते हैं, यह उनका अपना जाती नजरिया है'', कपिल कहते हैं, ''मैं तो इतना जानता हूँ कि ये सभी खिलाड़ी अपने देश के लिए बहुत अच्छा खेले हैं। और मेरी कोशिश भी इसी काम को अंजाम देने की रही है। मैं अच्छा इसलिए नहीं खेलता कि फिर इन खिलाड़ियों से मेरी तुलना की जाएगी, बल्कि इसलिए कि मुझमें काबिलियत है।''

मैदान में तो काबिलियत का काबिलियत से ही टकराव होता है। तो ऐसा भी तो हुआ होगा कई बार कि जब दिन-दिन भर दौड़ते-दौड़ते, पाँव, घुटनों, कन्धों और उँगलियों को निचोड़ देती इस काबिलियत के पाँव भी फूले होंगे ? मगर नहीं, कपिल पर इस सीधे सवाल का कोई उल्टा असर नहीं दिखता, बल्कि वे तपाक से कहते हैं, ''मैं कभी निरुत्साहित नहीं होता।''

मुझे याद है, 1977-78 में जब मैदान पर टॉमसन अपने सामने सुनील गावस्कर को पाते थे, तो नर्वस हो जाते थे। क्या कपिल को भी ऐसे दो-तीन बल्लेबाज याद हैं, जिन्हें आउट करने में दिक्कतों से लड़ना पड़ा हो?

फिर वही जवाब, लेकिन जरा चटखरा भरा, ''बिल्कुल नहीं। एलन बॉर्डर हों, विवियन रिचर्ड्स हों या जावेद मियाँदाद या जैफ बायकॉट या डेविड गॉवर हों-बल्लेबाज कोई भी हो, मुझे गेंदबाजी करने में मजा आता है। लेकिन सबसे

ज्यादा मजा तब आता है, जब विवियन रिचर्ड्स की चुनौती सामने होती है। बायकॉट बहुत कंजूसी से खेलते थे–उनकी कोशिश बस विकेट पर टिके रहने की होती थी। लेकिन रिचर्ड्स विकेट पर शहंशाह की तरह जीते हैं। या तो वे आपको तबाह कर देंगे या खुद हो जाएँगे। ऐसी चुनौती हो सामने तो गेंदबाजी का मजा कुछ और ही होता है।''

ऐसे दिलेर और जाँबाज खिलाड़ी के भीतर ठंडे, हताश और टूटे पल मिलेंगे ? ''क्यों नहीं''–जवाब सकारात्मक है, लेकिन ग्रीक ट्रैजेडी के अफसुर्दा नायक की मुद्रा में नहीं, कपिलाना मुद्रा में–''दिल्ली टेस्ट में एक आक्रामक स्ट्रोक खेलते हुए मैं आउट हो गया था, तब मुझ पर यह तोहमत लगी थी कि मैं टेस्ट स्तर की गम्भीरता को नहीं समझता। और समझदार सिलेक्टरों ने मुझे कलकत्ता में खेले जानेवाले अगले टेस्ट मैच से बाहर ही कर दिया। मैं बीती बात की गहराई का जिक्र नहीं करूँगा। पर हाँ, इससे इतना हुआ कि मैं लगातार 100 टेस्ट मैच खेलनेवाला भारतीय खिलाड़ी बनने से रह गया। जबकि ऐसा ही एक स्ट्रोक मैंने एक बार मेलबर्न में भी खेला था, लेकिन बाद में अपनी गेंदबाजी से वह टेस्ट मैंने जितवा दिया था, इसलिए सब माफ ! आप खुद देखते हैं और लोग भी कहते हैं कि मैं एक पावरफुल, नेचुरल स्ट्रोक प्लेयर हूँ। ऐसे स्ट्रोक्स में जोखिम तो हमेशा ही रहती है। सब कुछ ठीक रहा, जीत गए तो वाह-वाह, वरना कपिल को ही भला-बुरा कहा जाएगा।

''कलकत्ता टेस्ट न खेल पाने का अफसोस तो है मुझे, लेकिन इससे ज्यादा अफसोस इस बात का है कि समझदार सिलेक्टर और खिलाड़ी मुझ पर टेस्ट क्रिकेट की गम्भीरता को न समझने का आरोप लगा रहे थे। इससे बड़ी चोट और क्या हो सकती थी मुझ पर ! इसी कारण मैं बार-बार जोर देकर कहता हूँ कि जिस दिन मैं अपना 100 प्रतिशत नहीं दे पाऊँगा, खेलना छोड़ दूँगा।''

कपिल एक सीधे-सरल-सहज इंसान हैं। उनके चेहरे पर मुस्कराते भोलेपन में हल्की-सी उदासी घुल गई थी, इसलिए बातचीत का रुख पलटना जरूरी था। सो, सबसे बड़ी खुशी की बात–क्या पहला टेस्ट विकेट ?

''अरे नहीं, 1978 में पाकिस्तान में जब मैंने सादिक मोहम्मद का विकेट लिया था, तब कोई खास खुशी नहीं हुई थी। तब एक तो यह मालूम पड़ा था कि अन्तर्राष्ट्रीय स्तर पर विकेट लेना इतना आसान नहीं और दूसरे, यह

लगा था कि अभी मुझे अपने देश के लिए बहुत कुछ करना है।''

''फिर खुशी का सबसे मीठा फल कौन-सा था ?''

''अब तक तो बहुत हैं'', बातों के संग-संग कपिल की वह उदासी लगभग उड़ जाती है ''फिर भी 1983 में विश्व कप-प्रूडेंशियल कप-जीतना मैं अपनी सबसे बड़ी खुशी या उपलब्धि–चाहे जो कह लीजिए मानता हूँ। अब तक कुल चार बार विश्व कप प्रतियोगिताएँ हुई हैं, इनमें से एक बार भारत भी विजेता बना है–वर्ल्ड चैम्पियन ! विश्व विजेता बनना कोई मामूली बात तो नहीं। मेरी खुशी का बड़ा हिस्सा यह भी है कि उस समय मैं अपने देश की टीम का कप्तान था।''

एक दिवसीय क्रिकेट के शिखरों पर हमने अपने परचम तो फहराए हैं, लेकिन क्या इसका हमारे असली क्रिकेट पर विपरीत असर नहीं पड़ा ? –खासकर तेज गेंदबाज की कौशल-कला का तो नुकसान हुआ है–क्या कपिल भी ऐसा मानते हैं ?

''हाँ, कुछ हद तक। एक दिवसीय मैंचों में विकेट-टु-विकेट यानी सीधी स्टंप्स पर गेंद करनी होती है। अगर स्टम्प के बाहर आउट स्विंग की, तो वाइड करार दे दी जाएगी। इसलिए गेंदबाज प्रयोग नहीं कर सकता। इस लिहाज से तेज गेंदबाज की प्रतिभा का पूरा उपयोग नहीं हो पाता।'' लेकिन कपिल को एक दिवसीय क्रिकेट का उजला पहलू ज्यादा महत्त्वपूर्ण लगता है। वे कहते हैं, ''लेकिन दूसरी तरफ देखें तो एक दिवसीय क्रिकेट ने कितना थ्रिल, कितना रोमांच, कितनी अनिश्चितता और कितना आनन्द दिया है। अब इसके बिना क्रिकेट की कल्पना नहीं की जा सकती। विकेट के बीच दौड़ने की कला इससे निखरी है। इसी एक दिवसीय क्रिकेट की वजह से क्षेत्ररक्षण कला में आकर्षण, चुस्ती और तेजी की जगह बनी है। हर चीज के दो पहलू होते हैं और जिन्दगी में हमारी कोशिश यही होनी चाहिए कि किसी भी चीज का आकर्षक पहलू ही हम चुनें।''

लेकिन फिलहाल भारतीय क्रिकेट में गेंदबाजी के छोर के अकेले आकर्षण कपिल के पीछे सन्नाटा है। एक सन्तुलित टीम के लिए धाकड़ बल्लेबाजों के साथ गेंदबाज भी उसी स्तर के होने ही चाहिए। क्या कारण है कि हम हमेशा गेंदबाजों के अभाव से घिरे रहते हैं ?

कपिल सहमत होते हैं कि, ''हाँ, यह तो है कि भारत में अच्छे गेंदबाजों का अकाल पड़ने लगा है। कुछ गेंदबाज आगे निकल कर उभरे भी, लेकिन

जल्द ही ढल गए। अब देखिए न, शिवरामकृष्णन ने कितनी स्तरीय प्रतिभा का प्रदर्शन किया था, पर मेहनत में वे थोड़े पीछे रह गए, तो वे खुद भी पीछे रह गए। खेल किसी को बख्शता नहीं है। आपने इसे गम्भीरता से नहीं लिया तो यह भी आपको नहीं लेगा। मनिन्दरसिंह भी किस ऊँचाई तक पहुँच गए थे, लेकिन अब लगता है, उनका आत्मविश्वास बुरी तरह हिल गया है। चेतन शर्मा ने बढ़िया प्रदर्शन किया, लेकिन वे अन्याय के शिकार हो गए। फिर भी प्रतिभा के संग मेहनत हो और चयनकर्ता निष्पक्ष रहें, तो गेंदबाजी की फिजाँ बदल सकती है।''

हालाँकि बल्लेबाजी और गेंदबाजी में तुलना का कोई आधार नहीं हो सकता लेकिन सुनील गावस्कर और कपिल देव में एक दिलचस्प साम्य जरूर है। जिस तरह सुनील ने अपने अधिकतम रन और शतक ऐसे विकेटों पर बनाए जो तेज गेंदबाजों के साथ खुश रहते हैं, उसी तरह कपिल ने अपने ज्यादातर शिकार अपने ही देश के बेजान विकेटों पर झपटे हैं। यहाँ न तो वातावरण भारी रहता है और न ही गेंद आसानी से स्विंग होती है। तो अगर तेज गेंदबाजी के अनुकूल विकेटों और हालात में उन्हें ज्यादा मौका मिलता तो क्या कपिल भी हैडली से आगे होते ?

''नहीं-नहीं, यह हवाई सवाल है। मैं हाइपोथेटिकल बातों में भरोसा नहीं करता। हाँ, मुझे खुशी इस बात की है कि विपरीत हालात में भी मैंने अपना सब कुछ झोंकते हुए देश के लिए अच्छा खेल खेला।''

अब उठने-चलने का वक्त है, चलते-चलते एक सवाल और–भारतीय क्रिकेट में कपिल खुद अपनी जगह कहाँ और क्या समझते हैं ?

''मैं तो भारतीय क्रिकेट का अदना-सा सेवक हूँ''–कपिल पलट कर बोले।

ठीक कहा कपिल आपने। क्रिकेट का शहंशाह ही खुद को क्रिकेट का अदना सेवक कह सकता है।

कपिल देव से इस साक्षात्कार के बाद मैंने यह उचित समझा कि उनके साथ खेले हुए कुछ प्रख्यात लोगों से उनके बारे में विचार जाने जाएँ। इसके लिए मैंने अर्जुन रणतुंग (श्रीलंका टीम के कप्तान), अब्बास अली बेग (भूतपूर्व भारतीय टेस्ट खिलाड़ी व भारतीय क्रिकेट टीम के मैनेजर), नरेन ताम्हणे (भूतपूर्व भारतीय विकेट कीपर व वर्तमान चयन समिति चेयरमैन), आकाश लाल (भारतीय टीम के चयनकर्ता) तथा किरण मोरे (वर्तमान भारतीय विकेट कीपर) को चुना। कपिल

देव के बारे में प्रत्येक कुछ-न-कुछ कहने को उत्सुक था। इन सभी के विचार यहाँ प्रस्तुत है :

काश वे हमारी टीम में होते—अर्जुन रणतुंग

हम अपने-आपको भाग्यशाली समझते हैं कि कपिल देव इस उपमहाद्वीप के खिलाड़ी हैं। टेस्ट क्रिकेट में सबसे ज्यादा विकेट लेनेवालों में, विश्व में उनका क्रम दूसरा है और इस उपमहाद्वीप में पहला। वे बहुत ही लड़ाका खिलाड़ी है—संघर्ष उनकी रग-रग में बसा है। उनके साथ खेलते वक्त हमेशा यह डर लगा रहता है कि पता नहीं यह आदमी मैदान में आकर कब आपके हाथों से मैच छीन ले। दाहिने हाथ के बल्लेबाजों के लिए तो वे काल के समान रहे हैं। श्रीलंका में उनका नाम घर-घर में प्रचलित है।

जब भी हम उनके सामने होते हैं, तो हमारा पहला उद्देश्य उनके पहले दस ओवरों से बच निकलने का रहता है। काश, ऐसा महान खिलाड़ी हमारी टीम में होता।

एक निश्चिन्तता है कपिल-अब्बास अली बेग

कपिल देव विश्व क्रिकेट के अभूतपूर्व खिलाड़ी हैं। इतना चमकदार खिलाड़ी क्रिकेट की दुनिया में यदा-कदा ही पैदा होता है। लोग समझते हैं कि वे क्रिकेट के बारे में उतनी बुद्धिमानी से सोचते नहीं, पर मेरे विचार से क्रिकेट की परिस्थिति का सही विश्लेषण करने की उनमें अद्भुत क्षमता है। गेंदबाजी, बल्लेबाजी या क्षेत्ररक्षण—कोई भी क्षेत्र हो, कुछ-न-कुछ चमत्कार वे प्रत्येक मैच में करते ही रहते हैं। बल्लेबाजी में 1983 के विश्व कप में जिम्बाबे के खिलाफ नाबाद 175 रन की उनकी पारी भला कौन भूल सकता है ? यह पारी उन्होंने तब खेली थी, जब उस विश्व कप में भारतीय क्रिकेट का सितारा अस्त सा ही था।

और गेंदबाजी में तो वे क्रिकेट के सबसे चतुर और बुद्धिमान मध्यम तेज गेंदबाज हैं और यह इसी से स्पष्ट है कि वे बल्लेबाजों के लिए सहायक विकेटों पर भी उतना की घातक सिद्ध होते हैं। क्षेत्ररक्षण में भी उनका कोई सानी नहीं है। आपको याद ही होगा कि किस तरह तीसरे विश्व कप के फाइनल में उन्होंने विवयन रिचर्ड्स का कैच पकड़ा था। मेरे विचार से उनकी जगह उस दिन कोई दूसरा खिलाड़ी होता, तो वह उस कैच तक पहुँच भी नहीं

सकता था।

ऐसा खिलाड़ी किसी भी टीम में हो, तो मैनेजर चिन्तामुक्त रहता है।

वह दिन न आए कभी—नरेन ताम्हणे

मैं तो उस दिन की कल्पना से ही सिहर उठता हूँ जब भारतीय आक्रमण में कपिल देव नहीं होंगे। सच तो यह है कि उनके बिना किसी भारतीय टीम की कल्पना ही नहीं की जा सकती। आज भी शारीरिक क्षमता के मामले में वे अव्वल हैं। भारतीय क्रिकेट उनका ऋणी रहेगा।

इज्जतदार मौजूदगी-किरण मोरे

मैं अर्से से विकेट के पीछे से कपिल देव की गेंदबाजी को नजदीक से परखता रहा हूँ। हम दोनों के बीच अब समझ का एक अनकहा रिश्ता भी कायम हो गया है। उनका एक्शन बहुत ही शानदार है। उनके गेंद फेंकते ही मैं समझ जाता हूँ कि गेंद बाहर जाएगी या कि अन्दर ! वे हमेशा से मैच जितानेवाले खिलाड़ी रहे हैं। टीम में वे पिता-तुल्य व्यक्ति हैं, जिनकी सलाह व उपस्थिति की सब इज्जत करते हैं। हाँ, मैदान पर वे चाहे जितनी लड़ाकू प्रवृत्ति दिखाएँ, महिलाओं से उनका व्यवहार एकदम कोमल रहता है।

वे कपिल को क्रिकेट के पीछे रखते हैं—आकाश लाल

इतने निःस्वार्थ भाव से खेलनेवाला दूसरा खिलाड़ी भारत में कोई नहीं है। कप्तानी आई और गई, पर कपिल के चेहरे पर कभी शिकन नहीं आई। वे किसी के भी नेतृत्व में खेलने के लिए सदैव तैयार रहते हैं। उनके लिए भारतीय क्रिकेट पहले है, कपिल देव बाद में।

इंटरव्यू की तैयारी : पहली शर्त

कपिल देव से इस मुलाकात के लिए सही जगह व सही वक्त की मुझे तलाश थी। 'धर्मयुग' मे यह खास मुलाकात आमुख कथा के रूप में छपनी थी। मतलब स्पष्ट था कि मुलाकात सतही नहीं बल्कि अन्तरंग होनी चाहिए।

जैसा कि मैं लिख चुका हूँ कि सफल साक्षात्कार के लिए पूर्व तैयारी पहली

शर्त। प्रश्न कौन-कौन से पूछने हैं ? कितनी संख्या में पूछने हैं ? मुलाकात की अवधि क्या हो सकती है ? सवाल कठिन भी हो सकते हैं और सरल भी ! उसी तरह उत्तर तल्ख भी हो सकते हैं और मधुर भी ! इन सब बातों की मन-ही-मन पूर्व तैयारी कर ली थी।

मैंने यह भी निश्चित कर लिया था कि बातचीत जितनी अनौपचारिक तरीके से हो सके, उतना ही बेहतर ! अतः केवल प्रश्नों की बौछारें करना मैंने मुनासिब नहीं समझा। जैसा कि आपने साक्षात्कार में पढ़ा है, एक-एक मुद्दा सहजता के साथ खोला गया है और उस मद्दे पर कपिल देव की टिप्पणी दी गई है। मुद्दे की गहराई को स्थापित किया गया है और फिर जवाब में कपिल देव की भाव-भंगिमा तक का सूक्ष्म विश्लेषण किया गया है।

हाँ, इस बात का मैंने पूरा ध्यान रखा कि कपिल देव के पूरे क्रिकेट कैरियर की पृष्ठभूमि मेरे अवचेतन मन में हो। क्रिकेट सितारे से उसके ही कीर्तिमान को पूछना अपमानजनक हो सकता है। कीर्तिमान तो साक्षात्कार करनेवाले व्यक्ति को मालूम होने ही चाहिए।

हाँ, यह जरूर है कि कपिल देव से बरसों की जान-पहचान के कारण इंटरव्यू संचालित करने में काफी सुविधा हुई और माहौल पूर्णतया स्वस्थ रहा। फिर एक-दूसरे के प्रति सम्मान का एक रिश्ता कायम हो गया और उसके बाद किसी प्रकार की कोई दिक्कत पेश नहीं आई।

क्रिकेट सितारे फिल्मी सितारों से भी ज्यादा मूडी होते हैं। फिल्मी सितारों को तो फिर भी अखबारी व प्रेस द्वारा प्रदान की गई लोकप्रियता की बड़ी जरूरत पड़ती है। प्रेस का बायकॉट करनेवाले प्रख्यात फिल्म कलाकार अमिताभ बच्चन ने तो इस बात को अब स्वीकार कर लिया है। पर शायद खिलाड़ियों को कम-से-कम सस्ती लोकप्रियता की उतनी जरूरत नहीं पड़ती। फिर कई खिलाड़ी मैदान पर जितने बुलन्द होते हैं, बोलने या अभिव्यक्त करने की कला में उतने ही दबे हुए लगते हैं। ऐसी स्थिति में एक सहज व दोस्ताना वातावरण बनाया जाना बहुत जरूरी होता है।

अतः मैंने कलकत्ता में एशिया कप फाइनल के दौरान कपिल से बात की और इंटरव्यू का मकसद समझाया। कपिल मान गए और फिर कुछ भी अनमना नहीं रहा।

इंटरव्यू की दिलचस्पी को आप स्वयं महसूस कर सकते हैं। साथ ही आपके मन में कपिल देव के व्यक्तित्व का एक चित्र भी बनने लगता है। कई विवादास्पद

पहलुओं को भी छुआ गया। पर मूल बात से कभी डिगने की कोशिश नहीं की कि जिस व्यक्ति का इंटरव्यू हो रहा है वह एक अति सम्माननीय व्यक्ति है और भारत का गौरव ही नहीं, भारतीय क्रिकेट का एक उजला अध्याय है। उसके साथ न्याय हो और पाठकों को इस अनुकरणीय व्यक्तित्व का सान्निध्य मिले, बस यही मूल मंशा थी।

उदाहरण : 2

खेलना जीतना नहीं है

(बेडमिंटन खिलाड़ी सीमा भंडारी से प्रख्यात कमेंटरीकार
सुशील दोषी की बातचीत)

एक क्रिकेट कमेंटरीकार होने के कारण सीमा भंडारी की यह बात मुझे अच्छी नहीं लगी कि पहले वह क्रिकेट खेलना चाहती थी, पर परिस्थितियाँ कुछ ऐसी बनी की बैडमिंटन में उन्हें पहले मौका मिल गया और फिर वह इसी में घुल-मिल गई। लेकिन उनकी बाकी बातों से मैं शीघ्र समझ गया कि किस तरह क्रिकेट का नुकसान बैडमिंटन के फायदे में तब्दील हो गया।

23 वर्षीय इस दुबली-पतली लड़की को अपने मामूलीपन से उठकर अन्तर्राष्ट्रीय सितारा बन जाने का तनिक भी अहसास नहीं है। जरा-सी कामयाबी हासिल करने के बाद ही अपने कॉलर ऊँचे करनेवालों की कमी खेल व खिलाड़ियों की दुनिया में नहीं है। लेकिन सीमा कहती हैं–"क्या फायदा, ऐसा दिखावा करने से, देश के लिए खेल कर हम किसी पर अहसान तो नहीं करते। अपना स्तर बढ़ाकर हम आत्मतुष्टि ही पाते हैं। इसलिए मैं न तो पैसों के लिए खेलती हूँ और न ही प्रशंसा के लिए। मैं खेलती हूँ, क्योंकि मुझे खेलना पसन्द है।"

सीमा भंडारी के उत्थान की कहानी सुनकर कोई भी आश्चर्यचकित रह सकता है। इन्दौर शहर को कला, संस्कृति, संगीत, क्रिकेट व टेबल टेनिस के लिए तो जाना जाता है, पर बैडमिंटन की तो यहाँ कभी कोई अनुकरणीय परम्परा रही ही नहीं। फिर भी सीमा भंडारी ने बैडमिंटन में राष्ट्रीय व अन्तर्राष्ट्रीय स्तर पर नाम कमाया। मैं पूछता हूँ–"आपकी इस सफलता से

उन लोगों का क्या होगा, जो कहते हैं कि परम्पराओं के बगैर कोई खिलाड़ी आगे नहीं आ सकता ?"

सीमा कहती हैं–"मैं इस बात पर भरोसा नहीं करती। परम्पराएँ मदद जरूर करती हैं, पर केवल इसी के बल पर आप किसी क्षेत्र के शीर्ष पर नहीं पहुँच सकते, बैडमिंटन में तो कदापि नहीं। आप अपना लक्ष्य निर्धारित कीजिए, फिर अगर आप में प्रतिभा है और मेहनत करने से आप कतराते नहीं हैं तो आप निश्चित रूप से आगे निकल जाएँगे।

"आप खुद ही सोचिए न, मैं तो एक मारवाड़ी परिवार की लड़की हूँ। इस समाज में लड़की का बाहर जाकर खेलना भी एक क्रान्तिकारी कदम समझा जा सकता है। लेकिन फिर भी एक धुन थी कि कुछ कर गुजरना है। पिताजी (सज्जनसिंह भंडारी) ने पूरी मदद की, हौसला बढ़ाया और मैंने खेलना शुरू कर दिया।"

पिताजी की बात करते ही सीमा की आँखें अचानक नम हो गईं, "1987 में मैं राष्ट्रीय प्रतियोगिता में भाग लेने जानेवाली थी। पर मेरे पिताश्री का अवसान हो गया। कितनी इच्छा थी उनकी कि मैं राष्ट्रीय विजेता बनूँ। 1987 में मेरी तैयारी इतनी अच्छी थी कि उनकी इच्छा को पूरा कर सकती थी पर वे ही नहीं रहे। वे मेरे पिता ही नहीं, दोस्त, सहायक व निर्देशक भी थे...।"

बातचीत गम्भीर हो चली थी। उदासी सीमा की आँखों में घिर आई थी। अतः बातचीत का रुख बदलते हुए मैंने पूछा कि "आपको पहली बार कब और कैसे पता चला कि आप बैडमिंटन में नाम कमा सकती हैं ?"

सीमा जवाब में कहती हैं–"हाँ, मुझे याद है, तब मैं 10-11 साल की थी। आम बच्चों की तरह सड़क पर ही बैडमिंटन खेलना शुरू किया था। 12 साल से कम उम्र के बच्चों की प्रतियोगिताओं में भाग लेना शुरू किया और अचानक मेरे आस-पासवालों को लगा कि मैं आगे बढ़ सकती हूँ। मेरे अलावा सभी को मेरी प्रतिभा में विश्वास था। 1980-81 में राज्य विजेता बनी, तो मुझे भी भरोसा होने लगा कि मैं आगे बढ़ सकूँगी।

"मैं आगे बढ़ी थी। लेकिन तमाम क्षमताओं के बावजूद मेरा राष्ट्रीय विजेता बनने का स्पप्न पूरा न हो पाया। इस महत्त्वपूर्ण राष्ट्रीय प्रतियोगिता के दौरान अक्सर कोई-न-कोई हादसा अवश्य हो जाता था। अब देखिए न, 1988 में राष्ट्रीय प्रतियोगिता में अमीघिया के खिलाफ मेरा सेमी-फाइनल

मुकाबला था। पर फ्रेक्चर हो जाने के कारण जीत की स्थिति के बावजूद मुझे मैच बीच में ही छोड़ देना पड़ा था। मधुमिता को मैंने सार्क प्रतियोगिता में हराया। 1988 में ही रैकिंग प्रतियोगिता में पुणे में मैंने उसे फिर पराजित किया, पर राष्ट्रीय प्रतियोगिता में दुर्भाग्य से उसे न हरा पाई। पर अभी वक्त है मेरे पास। स्तर भी बनाए रखूँगी और विश्वास भी। फिर मैं कह ही चुकी हूँ कि खेल में जीतना ही तो सब कुछ नहीं है।''

''भारत का प्रतिनिधित्व करना किसी भी खिलाड़ी के लिए गौरव की बात हो सकती है। पर क्या केवल देश के लिए खेलना भर पर्याप्त है ? जिन्दगी में कुछ कर गुजरने की भी तो बात होती है।'' मेरी बात पर सीमा हामी भरती है।

''हाँ, यह तो ठीक है, लेकिन हमारे देश में मानसिकता ही कुछ ऐसी है कि हम रेडीमेड खिलाड़ी चाहते हैं। उनकी कठिनाइयों को कोई समझना नहीं चाहता। खेल के प्रति इज्जत और खिलाड़ियों को राष्ट्रीय धरोहर कोई नहीं समझता। हाँ, मौका पड़ने पर आलोचना के लिए सभी आगे आ जाते हैं। खिलाड़ियों को कोई अच्छी रकम तो मिलती नहीं है। अच्छा रैकेट, शटल्स, जूते आदि खरीदते रहने में ही खासी रकम खर्च हो जाती है। 1984 में एक प्रतिष्ठापूर्ण अन्तर्राष्ट्रीय मैच के दौरान मेरे दोनों पैरों में अलग-अलग जूते थे। एक में 'निटाको' का जूता, तो दूसरे में भारत का ही टेनिस का जूता। खरीदना चाहो, तो भी अच्छा साजो-सामान उपलब्ध नहीं रहता। चलो, मेरी बात छोड़ दो, क्योंकि मेरे पिताजी और मेरे भाई मेरा खर्च सहर्ष उठाते रहे, पर गरीब परिवारों से आई कोई लड़की प्रतिभावान भी हो, तो क्या वह बैडमिंटन जारी रख सकेगी ?

सीमा का तर्क आज लगभग सारे खेलों के आम भारतीय खिलाड़ियों का दर्द है।

8

खेल प्रेस-कान्फ्रेंस

खेल प्रेस-कान्फ्रेंस सामान्य प्रेस-कान्फ्रेंस से यूँ भिन्न होती है कि इसमें खिलाड़ी या खेल-पदाधिकारी ही वक्ता होते हैं। बातें भी राजनीति की नहीं, बल्कि खेलों की होती हैं। वैसे खेलों में भी क्या राजनीति नहीं होती ? भारतीय क्रिकेट कंट्रोल बोर्ड के पूर्व सचिव श्री अ.वा. कमनडीकर का एक वाक्य मुझे अक्सर याद आता है–"भाई आजकल राजनीति में भी उतनी राजनीति नहीं है, जितनी खेलों में राजनीति है।"

खेलों में सम्बन्धित ऐसी प्रेस-कान्फ्रेंस में रिपोर्टर को क्या करना चाहिए ? विद्वानों द्वारा गहन सोच-विचार के बाद निम्नलिखित नियम बनाए गए हैं :

–प्रेस-कान्फ्रेंस का कारण व समाचार स्रोत का अध्ययन करके जाना चाहिए। पूर्व तैयारी हमेशा मददगार होती है।

–आपको यह याद रखना चाहिए कि आपके प्रतिस्पर्धी रिपोर्टर को भी सवाल पूछने व अच्छी रिपोर्टिंग करने का उतना ही मौका मिलनेवाला है जितना कि

आपको। अतः आपकी प्रतिभा इसी में है कि सभी को समान अवसरों के बाद भी आपकी रिपोर्ट सबसे ज्ञानवर्द्धक व दिलचस्प हो।

—भले ही महत्त्व के सवाल दूसरे रिपोर्टर करें, आप भी उनके जवाबों का उपयोग करने के लिए उतने ही आजाद हैं, मानो आपने ही वे सवाल किए हों। इस मामले में आत्मसम्मान की बात आड़े मत लाइए। आपके पाठकों को तो यह नहीं ज्ञात होगा कि प्रेस-कान्फ्रेंस में अमुक सवाल आपने पूछा था या नहीं।

—चूँकि प्रेस-कान्फ्रेंस कोई खिलाड़ी या खेल पदाधिकारी करेगा इसलिए संचालन के सूत्र भी उसी के हाथों में रहेंगे। अतः जब तक प्रेस-कान्फ्रेंस उसके पक्ष में चल रही होगी तब तक तो वह प्रसन्नचित्त रहेगा। पर जैसे ही कड़ुवे प्रश्नों की जवाबतलबी हुई, वह भड़क भी सकता है और प्रेस-कान्फ्रेंस समाप्त भी घोषित कर सकता है। ऐसे में आप अपनी रिपोर्टिंग में लिख सकते हैं कि खिलाड़ी या पदाधिकारी महोदय ने अमुक-अमुक सवालों के जवाब नहीं दिए।

—ऐसा कई बार होता है कि आप लय के साथ अपने सवाल पूछ रहे हैं, पर अचानक कोई दूसरा खेल पत्रकार अन्य सवाल पूछ लेता है। इससे आपकी लय टूट जाती है। विषय वस्तु भी कुछ छिन्न-भिन्न हो जाती है। ऐसे में आपको गुस्सा आ जाना स्वाभाविक है। पर तब आपको अपने आप पर नियन्त्रण रखना चाहिए।

—कई बार आपको लगता है कि आपके पास जो महत्त्वपूर्ण सवाल हैं, वह किसी अन्य रिपोर्टर के पास नहीं हैं। आप डरते हैं कि अगर सबके सामने खेल प्रेस-कान्फ्रेंस में वह सवाल पूछ लिया, तो सभी को वह प्रश्न मालूम पड़ जाएगा और सभी अपनी रिपोर्टिंग का रुख उसी ओर मोड़ देंगे। तब आपको चाहिए कि प्रेस-कान्फ्रेंस समाप्त हो जाने के बाद अलग से वह सवाल पूछ लें।

—प्रेस-कान्फ्रेंस करनेवाले खिलाड़ी या खेल पदाधिकारी के बारे में खबर बनाते वक्त इस बात का महत्त्व नहीं होता कि आपके सम्बन्ध कैसे हैं और वह आपके लिए क्या-क्या करता है ? महत्त्व इस बात का होना चाहिए कि समाज व लोगों के लिए वह कितना महत्त्वपूर्ण है ?

9

खेल फीचर

अगर हम डिक्शनरी उठाकर देखें तो पाएँगे कि फीचर का अर्थ होता है : (1) चेहरे के भाग–नाक, मुँह, टुड्डी और ललाट। (2) चेहरे का नाक-नक्शा, (3) विशिष्ट हिस्सा जो आकर्षण का केन्द्र बन गया हो, (4) सिनेमा, (5) विशेष लेख।

फीचर को क्या हम केवल विशेष लेख कह सकते हैं ? उस विशेष लेख के प्रकार के बारे में हम जब तक न बताएँ, केवल विशेष लेख कह देना गलत होगा। फिर फीचर लेख होता क्या है ? कुछ अखबारनवीस यह समझते हैं कि फीचर का सम-सामयिक होना कोई जरूरी नहीं है। ये यह भी समझते हैं कि ऐसा कोई भी लेख जो अखबार में जगह बनने पर खपाया जा सकता हो, फीचर कहा जा सकता है। यानी उनके हिसाब से फीचर को खबरों के तौर पर नहीं, पत्रिका के लेख के रूप में पढ़ा जाता है।

लेकिन हम यह भी जानते हैं कि अखबारों में छपनेवाले फीचर उस दिन का

विशिष्ट आकर्षण होते हैं। ऐसे फीचर लेखों की बाकायदा पूर्व घोषणा की जाती है और उन्हें रंगीन बनाकर छापा जाता है। उनके ले-आउट पर भी विशेष ध्यान दिया जाता है।

इसका अर्थ यह है कि सम-सामयिकता फीचर लेखों का भी प्रमुख गुण होना चाहिए। यानी जो खेल पत्रकार फीचर लेखों के लिए सम-सामयिकता आवश्यक नहीं मानते, वे एक बड़ी भूल करते हैं। फीचर उन सब मुद्दों को विस्तार समझाता है जिनके बारे में पाठकों को धुँधला-सा ज्ञान होता है। अतः सामान्य अखबारी ज्ञान के अलावा भी फीचर में शिक्षाप्रद जानकारी होनी चाहिए।

फीचर किसी भी विषय पर लिखा जा सकता है। आप चाहें तो हॉकी, फुटबाल, क्रिकेट, टेनिस, टेबल-टेनिस, बिलियर्ड्स, बास्केटबाल या किसी भी अन्य खेल पर फीचर लिख सकते हैं। विभिन्न खेलों के उद्‌भव व विकास पर अलग-अलग फीचर लिखे जा सकते हैं। खेलों से जुड़े विशिष्ट खिलाड़ियों या पदाधिकारियों पर भी रोचक फीचर बनाए जा सकते हैं।

सम-सामयिकता फीचर की दिलचस्पी बनाए रखती है। इसका मतलब यह हुआ कि फीचर खबरों में से ही बनता है। खबरों के लिए इतनी जगह तो अखबार में रहती नहीं कि पूरी कहानी का विस्तार उस छोटी सी जगह में दिया जा सके। क्योंकि उस एक समाचार पृष्ठ पर और भी खबरों को स्थान देना पड़ता है। और समाचार विषयों के हिसाब से सन्तुलन भी बनाए रखना पड़ता है। अतः यह विस्तार फीचर के रूप में अलग पृष्ठ पर दिया जाता है।

फीचर की दिलचस्पी इस बात पर निर्भर करती है कि खबर में दम कितना है। दमदार खबर को ग्रहण कर जो खेल पत्रकार जल्दी फीचर बना लेता है, वह लोकप्रिय व सफल पत्रकार बन जाता है। इतना ही नहीं, जिस अखबार व पत्रिका से वह जुड़ा है, उसके लिए भी वह एक महत्त्वपूर्ण व्यक्ति बन जाता है। उस अखबार या पत्रिका की प्रसार संख्या भी बढ़ जाती है, तो सम-सामयिकता को ध्यान में रखकर अच्छे फीचर पाठकों को सामने शीघ्र ला देते हैं।

खबरों को ठीक पृष्ठभूमि प्रदान करता है फीचर। ठीक पृष्ठभूमि प्रदान करने से यहाँ तात्पर्य है विश्लेषण, अर्थ विस्तार व वाद-विवाद। फीचर लेखक को चाहिए कि वह तथ्यों को विस्तार दे और तथ्यों से उत्पन्न सम्भावनाओं पर भी प्रकाश डाले। जो खेल पत्रकार सम्भावनाओं का भी ठीक से आकलन कर सकता हो, वह सफलता की सीढ़ियाँ जल्दी चढ़ता है।

उदाहरण के तौर पर हम हाल ही की उस घटना पर नजर डाल सकते हैं,

जिसमें वेस्टइंडीज क्रिकेट टीम के कप्तान विवियन रिचर्ड्स ने टेस्ट क्रिकेट से संन्यास लेने की घोषणा कर दी थी।

अब इस खेल-घटना पर संक्षिप्त फीचर यूँ बनाया जा सकता है :

विवियन रिचर्डस् का टेस्ट क्रिकेट को आखिरी सलाम

क्रिकेट की दुनिया चर्चाओं से सरोबार रहती है। आज क्रिकेट की दुनिया में सबसे ज्यादा चर्चा है क्रिकेट के बादशाह वेस्टइंडीज के विवियन रिचर्डस् द्वारा टेस्ट क्रिकेट से संन्यास की घोषणा की।

39 वर्षीय रिचर्डस् ने 121 टेस्ट मैच खेलकर 24 शतकों के साथ 50. 23 की औसत से 8540 रन बनाए। टेस्ट क्रिकेट में उनका सर्वाधिक स्कोर ओवल मैदान पर 291 रन है। भारत के सुनील गावस्कर व ऑस्ट्रेलिया के एलन बॉर्डर के बाद टेस्ट क्रिकेट में सबसे ज्यादा रन विवियन रिचर्डस् ने ही बनाए हैं।

रिचर्डस् की शैली आक्रामक होते हुए भी इतनी आकर्षक थी कि उन्हें क्रिकेट इतिहास के सबसे आकर्षक बल्लेबाजों में से एक गिना जाता है। उनकी तेज नजर, चुस्त फुटवर्क व ताकतवर स्ट्रोक्स केवल जंगली शक्ति प्रदर्शित नहीं करते थे। वह प्रतिद्वन्द्वी पर चीते की तरह टूट पड़ते थे और उसे मामूली साबित करके ही छोड़ते थे। जाहिर है जब बादशाह मैदान पर हो, तो बाकी सब मामूली ही तो लगेंगे।

संक्षिप्त में कहा जाए, तो यह कहा जा सकता है कि चुनौती स्वीकार करने का दूसरा नाम ही विवियन रिचर्डस् है। परिस्थितियाँ कैसी भी हों, इस शख्स ने हमेशा प्रत्याक्रमण का रास्ता ही अपनाया। अपने स्वाभाविक खेल पर उन्होंने कभी अंकुश नहीं लगने दिया। हो सकता है, उनकी शैली उतनी शास्त्रीय नहीं है। यह भी मानते हैं कि वह ऑफ-स्टम्प के बाहर की गेंदों को लेग साइड में पीट देने में भी नहीं हिचकते थे। इन सबसे बड़ी बात यह है कि कितने ही मैच ऐसे हुए हैं, जिनमें केवल रिचर्डस् ने आकर सारा माहौल बदल दिया और पराजय को जीत में तब्दील कर दिया।

रिचर्डस् की इच्छा थी कि अपनी आखिरी पारी में महान् डॉन ब्रैडमेन की तरह शून्य पर आउट न हों। आपको याद होगा कि ब्रैडमेन अपने टेस्ट जीवन के आखिरी मैच में शून्य पर आउट हो गए थे। रिचर्डस् ने आखिरी

पारी में इंग्लैंड के खिलाफ 60 रन बनाए। बल्लेबाजी हो, गेंदबाजी हो या क्षेत्ररक्षण–रिचर्डस् चमत्कारिक साबित होते रहे।

यह सही है कि पिछले कुछ अरसे से वे छक्के नहीं लगा पा रहे थे। हो सकता है कि उनकी नजर व स्नायुप्रतिक्रिया में उम्र के साथ फर्क आ गया हो, जो खिलाड़ी के पतन की शुरुआत होती है। रिचर्डस् तो बादशाह थे। उन्हें यह बात समझ में आ गई होगी। बादशाह मामूली मुलाजिम बनकर तो नहीं रह सकता। अतः रिचर्डस् ने टेस्ट क्रिकेट से संन्यास लेना ही उचित समझा।

उन्हें इस बात पर भी गर्व होना चाहिए कि उनके नेतृत्व में वेस्टइंडीज ने कभी कोई टेस्ट शृंखला में पराजय की धूल नहीं चाटी।

टेस्ट क्रिकेट में रिचर्डस् से ज्यादा रन भी बनाए गए हैं और हो सकता है आगे भी बनाए जाएँ। पर विवियन रिचर्डस् नाम के शख्स ने क्रिकेट खेल को जो आकर्षण दिया वह बेमिसाल है।

खेल फीचर पर नजर रखनेवाले खेल पत्रकारों को महान खिलाड़ियों का जन्मदिन भी याद रखना चाहिए। उनके जन्मदिन या पुण्यतिथि पर फीचर के रूप में सामग्री प्रदान करना पाठकों का मन मोह लेता है।

मुझे याद है, भारतीय क्रिकेट के भीष्म पितामह कर्नल सी.के. नायडू के जन्मदिन पर 'धर्मयुग' एक फीचर बनाना चाहता था। सम्पादक ने मुझसे आग्रह किया और मैंने यह लेख भेजा था, जो सचित्र प्रकाशित किया गया था। उदाहरण के रूप में उसे यहाँ दिया जा रहा है–

कर्नल सी.के. नायडू
भारतीय क्रिकेट के भीष्म पितामह

–सुशील दोषी

सन् 1925-26 में एम.सी.सी. की क्रिकेट टीम भारत के दौरे पर आई हुई थी। हिन्दू टीम के विरुद्ध एम.सी.सी. ने जो मैच खेला, वह काफी उत्तेजनात्मक एवं दिलचस्प मैच रहा। एम.सी.सी. का एक बल्लेबाज सी.जी. अर्ल अपने पूरे चढ़ाव पर था और देखते-ही-देखते उसने सात छक्कों की सहायता से शतक पूरा कर लिया। उस बल्लेबाज का नाम उस दिन बिजली की तरह

क्रिकेट-जगत में कौंध गया। स्टेडियम व शहर में जहाँ-तहाँ सात छक्कों की चर्चा होती रही कि ऐसी अनुपम व अभूतपूर्व बल्लेबाजी किसी और के बस का काम नहीं।

लेकिन किसे मालूम था कि हिन्दू टीम में एक ऐसा आश्चर्यजनक युवा व्यक्ति भी है, जो अंग्रेज बल्लेबाज के छक्कों के कारनामों को शीघ्र ही भुलवा देगा। इधर वह प्रसिद्ध अंग्रेज बल्लेबाज छक्का लगता है और उधर हिन्दू टीम का क्षेत्ररक्षक नायडू, जो अपने जीवन का प्रथम अन्तर्राष्ट्रीय स्तर पर मैच खेल रहा था, के मन में विचारों का ताँता बँधा हुआ था–शायद कुछ कर गुजरने का संकल्प कर लिया था उसने। जब नायडू मैदान पर हो तो दूसरा व्यक्ति कैसे प्रसिद्धि लूट सकता है। बस जैसे ही हिन्दू टीम की बल्लेबाजी के क्रम में सी.के. नायडू की बारी आई, उसने अदम्य उत्कंठा और असीमित विश्वास के साथ पेविलियन से मैदान की ओर प्रस्थान किया। इसके आगे की कथा कुछ ऐसी है, जिसे हम 'फेंटम' के कारनामे ही कह सकते हैं। नायडू ने तर्क व शक्ति के सब रिकॉर्ड तोड़ दिए और केवल 115 मिनटों में 11 छक्कों और 13 चौकों की सहायता से 153 रन बना लिए। दर्शकों की खुशी का ठिकाना न रहा और हर छक्के के साथ अपनी खुशी को वे पटाखे छोड़कर प्रकट करते। तेज गोलन्दाज हो अथवा धीमा, नायडू ने उन्हें कहीं का न छोड़ा और आक्रमक ढंग से खेलकर आश्चर्यजनक उपलब्धि प्राप्त की।

...और दूसरे ही दिन लोग और दुनिया उस अंग्रेज बल्लेबाज की महिमा भूल गए, जिसने सात छक्के लगाए थे।

नायडू इसलिए अमर हैं, क्योंकि जो कार्य दूसरा नहीं कर सकता था, वे कर दिखाते थे। अन्यथा इंग्लैंड के मारिस टेट, जॉर्ज गियरी, मर्सर, बायूर और एस्टिल जैसे सर्वश्रेष्ठ गोलन्दाजों के समक्ष इस आक्रमक ढंग से खेलना कोई साधारण काम नहीं था।

कर्नल सी.के. नायडू सन् 1932 की इंग्लैंड प्रवास पर गई भारतीय टीम के प्रमुख सदस्य थे। लार्ड्स के मैदान पर एम.सी.सी. के विरुद्ध मैच का यह दिलचस्प किस्सा है। यहाँ नायडू ने अपनी टीम के कुल योग 228 रनों में से अजेय 118 रन बनाए थे। एम.सी.सी. की टीम में जे.सी. ह्वाइट नामक एक लेग स्पिनर था, जो अपनी 'एक्युरेसी' के लिए प्रसिद्ध था। लेकिन नायडू ने अपने तौर-तरीकों से ही खेलना प्रारम्भ किया और दो छक्के उसकी गेंदों पर जड़ दिए। एम.सी.सी. का एक क्षेत्ररक्षक नायडू के गेंद उछालने को एक

कमजोरी समझकर बहुत ही खुश हुआ और वह 'ओवर' के बीच में ही ह्वाइट के पास आकर कुछ बुदबुदाया। भाग्य से सी.के. नायडू ने सुन लिया। उस बुद्धिमान क्षेत्ररक्षक ने कहा था, "ऐसी ही एक गेंद और फेंको और वह पेविलियन में वापस पहुँच जाएगा।" लेकिन जैसा कि होना था, सी.के. नायडू ने फिर एक और छक्का जड़ दिया। जब भारत की पारी समाप्त हुई, उस समय तक नायडू ने सब ओर तेजी से हिट करते हुए अपराजित शतक बना लिया। अजेय नायडू व अन्य क्षेत्ररक्षक पेविलियन में लौट आए, लेकिन वही बुद्धिमान क्षेत्ररक्षक फिर ह्वाइट के पास आया और खिसियाकर बोला, "मैंने कहा था न कि वह पेविलियन में वापस पहुँच जाएगा और वह सचमुच पहुँच गया है।"

मृदुभाषी के सटीक वक्तव्य : कुछ दिनों बाद एक रात्रि भोज के अवसर पर सी.के. नायडू ने यही किस्सा सुनाया और सबकी हँसी के बीच कहा, "हमें अभी अंग्रेज खिलाड़ियों से बहुत कुछ सीखना है। उसमें एक यह कि जब कोई बुद्धिमान क्षेत्ररक्षक मैदान में हो तो कभी स्पिनर के विरुद्ध छक्का नहीं मारना चाहिए।" क्रिकेट के 'जीनियस' से यह मजाकिया विवरण सुनकर लोग हँस-हँसकर लोटपोट हो गए।

कर्नल नायडू हर तरह से एक महान आश्चर्यजनक व्यक्ति थे। नेतृत्व बल्लेबाजी-गोलन्दाजी क्षेत्ररक्षक अथवा वक्तृत्व कला सभी में उनकी असाधारण प्रतिभा पूरी तरह उभरकर सामने आती थी। वे एक कुशल वक्ता थे और इस कारण इंग्लैंड के 1932 के दौरे के समय कुछ बहुत ही दिलचस्प बातें घटित हुईं। एक अंग्रेज सज्जन ने अपने सावधानी से तैयार किए वक्तव्य को इस तरह पढ़ा, "सी.के. नायडू परिवार के चमकते सितारे हैं, जिसने श्रीमती सरोजनी नायडू जैसे असाधारण वक्ता पैदा किए।" इसके अलावा अकसर लोग उनसे पूछते कि श्रीमती सरोजनी नायडू उनकी कौन हैं ? सी.के. नायडू लगातार एक ही जवाब देते, "वह एक महान भद्र महिला हैं, हम उनके ही देश से आए हैं।"

सन् 1933-34 में एम.सी.सी. व भारत के बीच टेस्ट मैच प्रारम्भ होने के पूर्व प्रशंसकों ने नायडू से होनेवाले टेस्ट मैच के बारे में भविष्यवाणी चाही। "सज्जनों, आपने मुझे एक अत्यन्त ही कठिन परिस्थिति में डाल दिया है। यह बहुत सम्भव है कि भारत टेस्ट मैच जीत जाए, लेकिन मेरे लिए पहले से भविष्यवाणी करना, वह भी कप्तान होकर नम्रता नहीं होगी। आपको याद

रखना चाहिए कि अंग्रेज खिलाड़ी हमारे मेहमान हैं और हमको कुछ ऐसा नहीं करना चाहिए, जिससे उनकी भावनाओं को ठेस पहुँचे।" दरअसल कितना ही शान्त वातावरण क्यों न हो, नायडू अपनी वक्तृत्व कला के चमत्कार से दिलचस्प वातावरण तैयार कर लेते थे।

हार के समय भी उनका व्यक्तित्व निखरकर ही सामने आता था, क्योंकि वे एक सच्चे खिलाड़ी की तरह ही उसे स्वीकार भी करते थे। जिसके कारण मजाकिया ढंग से प्रतिद्वन्द्वी को भी पूरा आनन्द मिलता था। भारत की एक क्रिकेट प्रतिस्पर्धा में होल्कर टीम को पूर्वी क्षेत्र फाइनल में बंगाल के साथ खेलना था। सी.के. नायडू होल्कर टीम के लोकप्रिय कप्तान थे। सब ओर इसी बात की चर्चा थी कि सी.के. नायडू टीम को आसानी से विजय प्राप्त होगी। कई वक्ताओं ने भी रात की पार्टियों के वक्त पहले से ही होल्कर टीम की विजय की घोषणा करना प्रारम्भ कर दिया था। लेकिन मैच का रुख कुछ विपरीत ही रहा। तीसरे दिन लंच के समय होल्कर टीम बंगाल से कुछ रन आगे थी और होल्कर इस तरह बड़ी मुश्किल से एक पारी की हार से बच सकी। लंच के समय माइक पर वक्तृत्व देने के अनुरोध पर सी.के. ने सीधे खड़े होकर अपने खास अन्दाज में गम्भीर होकर कहा, "लेडीज एंड जेंटलमैन, मैं जानता हूँ कि आपने मुझे मेरी हार कबूल करवाने के लिए यहाँ वक्तृत्व देने बुलाया है, लेकिन आपको मेरी बात से धक्का लगनेवाला है। मेरे खिलाड़ी अब शीघ्र ही एक प्रसिद्ध बैटिंग साइड को सिर्फ 11 रनों में आउट करने की कला दिखाएँगे। आप मेरे अनुमान पर हँस रहे होंगे। पर आप ज्यादा देर तक नहीं हँस पाएँगे, एकबारगी लोगों में सन्नाटा-सा छा गया और सी.के. ने इसका मजा लेते हुए बंगाल के कप्तान कूचबिहार के महाराज को धीमे, पर माइक पर आवाज सुनाई दे सके, ऐसे स्वर में कहा, "योर हाइनेस, एक बहुत ही कठिन मैच की जीत के लिए मेरी हार्दिक बधाई स्वीकारें।" लोग सी.के. नायडू के इस मजाक को कभी नहीं भूल पाएँगे।

कई व्यक्ति यह समझते हैं कि सी.के. नायडू केवल 'हिटर' थे। लेकिन यह कहना ठीक नहीं है। दरअसल ऐसा कहनेवाले लोगों ने नायडू के खेल की महानता को पहचाने में भूल की है। सन् 1933-34 में कलकत्ता में हुए इंग्लैंड के विरुद्ध दूसरे टेस्ट मैच में जिन्होंने नायडू के 150 मिनटों में केवल 17 रन देखें हैं, वे यह जानते हैं कि नायडू एक सही तकनीक के रक्षात्मक खिलाड़ी भी थे। वे विभिन्न परिस्थितियों में अपने को सफलतापूर्वक ढाल

सकते थे। यही नहीं एक मैच के दौरान नायडू को उनके कुछ मित्रों ने बगैर चौका या छक्के लगाए शतक बनाने की चुनौती दी। नायडू ने कभी किसी से मात खाना सीखा ही नहीं, उन्होंने तुरन्त चुनौती स्वीकार कर ली। सिर्फ इतना ही नहीं था। उन्होंने यह कर भी दिखाया। उनके मित्र दाँतों तले उँगली दबाने पर बाध्य हुए। कहाँ तो इंग्लैंड के एक ही क्रिकेट मौसम में 16 छक्कों का रिकॉर्ड और कहाँ यह सही रक्षात्मक खेल ?

नायडू तेज गोलन्दाज को खेलने और पीटने में माहिर थे। बचपन से ही वे तेल गोलन्दाज की तलाश में घूमते थे, ताकि जान सकें कि आखिर तेज गोलन्दाजी कहते किसे हैं ? बचपन के कुछ संस्मरण बहुत ही रोचक हैं। नायडू ने एक जगह कहा है, ''मैं अकसर स्वयं से पूछता था कि तेज गोलन्दाजी क्या है ? मेरे पिताजी महान रणजी की जादूभरी बल्लेबाजी के बड़े प्रशसंक थे। रणजी ने तेज गेंद वह परिभाषित की थी, जो दिखाई नहीं देती। लेकिन मैं कई दिनों तक क्रिकेट खेलने के बाद भी ऐसी तेज गोलन्दाजी न पा सका, जो दिखाई न दे सके। बड़े असमंजस में मैंने यह प्रश्न एक सन्ध्या को अपने पिता से पूछा। पिताजी ने जो जवाब दिया, उससे मेरा असमंजस और बढ़ गया। उन्होंने कहा, 'एक तेज गेंद वह होती है, जो बल्लेबाज और विकेटकीपर को चकमा देकर विचारों की-सी गति में सीमा पार पहुँच जाती है। अगर यह किसी भी वस्तु को छू जाती है—चाहे वह बैट हो या बल्लेबाज की ठुड्ढी, विकेट हो या विकेटकीपर की पसली-वह वस्तु टूट जाती है।' मैं बेहद आश्चर्यचकित हो गया, लेकिन फिर भी हिम्मत रखकर पूछ बैठा, 'तब फिर कोई भी इसे खेलता कैसे है ?' पिताजी ने समझकर सिर हिलाया 'यदि तुम्हें एक छड़ देकर अपना विकेट रोकने को कहा जाय तो क्या तुम उसे केवल छड़ अड़ा कर रोक सकोगे ? नहीं। असरकारक होने के लिए तुम्हें हिट करना ही होगा। यही बात तेज गेंद के साथ भी है। उसे अच्छी तरह से खेलने के लिए तुम्हें उससे डरना नहीं चाहिए, बल्कि तुम्हें उसे हिट करना चाहिए।''

पिताजी के इन शब्दों ने ही नायडू को तेज गोलन्दाजी खेलने का विशेषज्ञ बना दिया। स्वयं सी.के. ने कहा है, ''अपना 'कोच' मैं अपने पिताजी को ही मानता हूँ।''

कर्नल सी.के. नायडू की सहनशक्ति भी अपरिमित थी और उनके व्यक्तित्व की सबसे आश्चर्यजनक बात यह थी कि जब भी वे खेलते हुए घायल हो जाते, वे और दृढ़ता से खेलकर अपने अदम्य साहस को उभारते

थे। इंग्लैंड के विरुद्ध ओवल के तीसरे टेस्ट में भारत को अभी पारी की हार से बचने के लिए 90 रनों की आवश्यकता थी और नायडू साहब आत्मविश्वास के साथ खेल रहे थे। अचानक वे विश्व के उस समय के बहुत तेज गोलंदाज गुबी एलन के बम्पर को हिट करने में चूक गए और गेंद सीधी नायडू के सीने पर लगी। नायडू के मुँह से निकली आह विशाल जन-समूह के आर्तनाद के बीच दब गई। लोगों ने सोचा, कर्नल नायडू का जीवित बचना भी अब मुश्किल है, मगर लोगों की आँखें फट गईं, जब नायडू ने केवल कुछ क्षण सीने की मालिश कर वापस बल्लेबाजी प्रारम्भ कर दी...और उसके बाद नायडू ने ऐतिहासिक 81 रन बनाए।

खेल के हर क्षेत्र में पारंगत : नायडू को दुनिया का सर्वश्रेष्ठ क्षेत्ररक्षक भी माना गया है। वे एक बहुत ही अच्छे 'स्प्रिटर' थे और अपने आस-पास की 20 गज की सब गेंदें सफलतापूर्वक झेल और रोक लेते थे। कलकत्ता के मैच में एम.सी.सी की बल्लेबाजी थी और सेंघम नामक प्रसिद्ध बल्लेबाज खेल रहा था। नायडू स्लिप में क्षेत्ररक्षण कर रहे थे। सेंघम ने एक गेंद तेजी से स्लिप में खेली। जहाँ चार क्षेत्ररक्षक खड़े थे। एक क्षेत्ररक्षक के हाथों से गेंद छू गई जिससे उसकी गति काफी कम हो गई। इधर सेंघम ने अपने साथी की आवाज पर रन बनाने के लिए स्लिप की ओर देखकर दो-तीन कदम आगे बढ़ाए लेकिन अगले ही क्षण में जो कुछ हुआ, उससे सेंघम अवाक् रह गया। नायडू ने बिजली की गति से पीछे दौड़कर गेंद उठाई और एक ही गति में एक असाधारण 'बेक-हैंड थ्रो' से विकेट बिखेर दिए। 'हिप्नोटाइज्ड' सा सेंघम असहाय अवस्था में आश्चर्य के साथ यह सब देखने के सिवाय कुछ न कर सका।

नायडू किसी को भी अपने ऊपर हावी होते देख नहीं सकते थे। दिल्ली में नायडू और लिहरी कांस्टनटाइन की निसार की गोलन्दाजी के विरुद्ध साझेदारी की एक और दिलचस्प कथा सामने आती है। प्रसिद्ध आलोचकों ने निसार को प्रथम सात ओवरों में दुनिया का सबसे तेज गोलन्दाज बताया था। क्रिकेट क्लब ऑफ इंडिया की ओर से नायडू और कांस्टनटाइन खेल रहे थे। ज्यादा आत्मविश्वास के कारण कांस्टनटाइन ने नायडू को प्रथम सात ओवरों में निसार से बचाने की ठानी। कुछ ही देर में नायडू यह समझ गए और अब नायडू ने अपनी बल्लेबाजी पर एक-एक रन तो बनाना ही बन्द कर दिया। सर लियरी ने नायडू के पास आकर पूछा, "क्या बात है,

सी.के. ?'' 'क्रैम्प' नायडू ने उत्तर दिया। लेकिन शीघ्र ही सर लियरी भी समझ गए कि नायडू ने क्या सोचकर यह बहाना किया है। इस आपसी समझ के बाद लियरी ने फिर उन्हें बचाने की कोशिश नहीं की और नायडू ने भी अपना प्राकृतिक खेल-खेलकर शानदार रन अर्जित किए।

नायडू पहले भारतीय थे, जिन्होंने 'विस्डन' के पाँच खिलाड़ियों में आने का सम्मान बगैर किसी इंग्लिश काउंटी की ओर से खेलकर प्राप्त किया। दरअसल वे एक आदर्श भारतीय आत्मा का प्रतिरूप थे।

कर्नल सी.के. नायडू धार्मिक कार्यों में अपना निश्चित समय लगाते थे। पूजन आदि तो उनका नियमित कार्य था। मुझे उनसे मुलाकात का शुभ अवसर दो वर्ष पहले मिला था। मैंने पूछा था, अपने जमाने के क्रिकेट खिलाड़ी और आज के खिलाड़ियों में आए परिवर्तन के बारे में आपकी क्या राय है।

''क्या तुम भगवान राम और कृष्ण की तुलना करना चाहोगे ?'' उनके प्रत्युत्तर में फिर सवाल छिपा था।

मैं चुप था, क्योंकि दोनों अपने-अपने समय में महान थे। मैंने नायडू की ओर देखा तो उनके चेहरे पर विजयपूर्ण मुस्कुराहट एवं आँखों में दैविक चमक स्पष्ट दृष्टिगोचर हुई। ये थे इन्दौर के (सी.के.) कोट्ठारो कंकैया नायडू...क्रिकेट की एक महान आत्मा।

स्व. कर्नल सी.के. नायडू का ड्राइंगरूम–सामने ही पर्दे की रस्सी पर मोतियों की तरह क्रिकेट की दो गेंदें गुथी हुई हैं, जिससे उनके असाधारण क्रिकेट-प्रेम का परिचय मिलता है। दाहिनी ओर कर्नल साहब की जड़ी हुई एक तस्वीर है, जिसमें वे राष्ट्रपति डॉ. राधाकृष्णन से पुरस्कार स्वीकार करते दिखाई देते हैं। बाईं ओर दीवार पर पद्मभूषण की उपाधि का प्रमाणपत्र टँगा है।

सर्वप्रथम श्रीमती नायडू ने अपने सरल, शान्त और सौम्य व्यक्तित्व की आभा बिखेरेते हुए कर्नल साहब के पारिवारिक जीवन की बातें बतानी शुरू कीं–

''ज्यादा तो क्या कहूँ, वे हृदय से सरल व्यवहार के थे, उनके हर कार्य के पीछे सुदृढ़ तर्क रहता था। अनुशासन को वे जीवन के हर कदम पर एक महत्त्वपूर्ण वस्तु मानते थे–उनका कहना था कि बगैर अनुशासन के जीवन निरर्थक है।

"अत्यधिक गतिशील क्रिकेट जीवन के बावजूद भी धार्मिक भावना उनमें कूट-कूट कर भरी हुई थी। दशहरे के पूरे नौ दिन पूजा-पाठ वे अति उत्साह से करवाते थे। आरती उतारने में उन्हें आत्मतुष्टि का अनुभव होता था। जन्माष्टमी के दिन-रात्रि जागरण वे सदैव करते थे और दूसरों को भी उत्साहित करते थे। दीवाली के दिन लक्ष्मी पूजन वे कभी नहीं भूलते थे। शिरडी के सांई बाबा, नागपुर के ताजुद्दीन बाबा व दुर्गा देवी के वे अनन्य भक्त थे। कुल मिलाकर भगवान में उन्हें असीम आस्था थी। और भगवत भजन में कुछ समय नियमित रूप से बिताना, उन्होंने अपने जीवन का प्रमुख अंग बना लिया था।

"वे एक कुशल मेजबान भी थे। मेहमान लोग उनके आतिथ्य कर गर्वित हो उठते थे। मेहमानों में वे बिल्कुल घुल-मिल जाते थे और उनकी सुख-सुविधाओं का सदैव ध्यान रखते थे। उनका यह मत था कि मीठे बोल और सद्व्यवहार से पास से कुछ नहीं खर्च होता है, तो फिर इनका उपयोग क्यों न मधुर सम्बन्ध बनाने में किया जाए।"

श्रीमती नायडू अभी अपने मन के उद्गार व्यक्त कर रही थीं कि बाबजी आ गए। बाबजी नायडू स्व. कर्नल सी.के. नायडू के पुत्र हैं और रणजी ट्रॉफी के खिलाड़ी भी रह चुके हैं। अपने पिता के बारे में बताते हुए वे कहने लगे, "पिताजी को शारीरिक क्षमता तो विरासत में मिली थी। मेरे दादाजी स्वयं एक शक्तिशाली व्यक्ति थे। उनका सीना 52 इंच का था। जबकि वे दो दर्जन अंडे केवल नाश्ते के समय लेते थे। शारीरिक क्षमता की पूर्णता के कारण ही पिताजी क्रिकेट के अलावा भी कई खेलों में अव्वल रहे। यशवन्त क्लब इन्दौर की प्रसिद्ध बिलियर्ड प्रतियोगिता वे कई बार जीते भी थे। वे बहुत अच्छे धावक तो थे ही, लम्बी कूद, ऊँची कूद, घुड़दौड़ व शिकार में भी प्रवीण थे। शिकार में अपने अचूक निशाने का परिचय उन्होंने कई लम्बे-चौड़े शेरों का शिकार करके दिया।

"दो वर्ष पहले ही इन्दौर में एक क्रिकेट मैच के दौरान पिताजी, मैं और मेरा भाई प्रकाश स्टेडियम की ओर जा रहे थे। स्टेडियम से कुछ दूरी पर एक लम्बा-चौड़ा गड्ढा था, जिससे लोग काफी लम्बा चक्कर लगाकर दूसरी ओर से जाने को बाध्य हो रहे थे। हम भी वहाँ पहुँचकर ठहर गए और पिताजी को दूसरी ओर से चलने को कहा। इस पर पिताजी बिगड़े और हमारे देखते-ही-देखते उन्होंने वह बड़ा गड्ढा कूद कर पार कर लिया। हमें बहुत ज्यादा

डर लगा, क्योंकि पिताजी की तबीयत उन दिनों भी अच्छी नहीं रहती थी।

''उन्हें घर में जरा सी गन्दगी भी नहीं सुहाती थी। कागज के एक छोटे टुकड़े को देखकर भी वे क्रोधित हो उठते थे। एक बार घर के कुएँ में गन्दगी देखकर उन्होने मुझे और प्रकाश से सारा पानी कुएँ के अन्दर उतरकर निकालने का आदेश दिया। हम वैसे ही उनसे दहशत खाते थे, झट काम में भिड़ गए और सुबह 5 बजे तक लगातार पानी निकालते रहे। पिताजी खुद निरीक्षण कर रहे थे, अतः सुस्ती की बात तो हम सोच ही नहीं सकते थे।

''उनका व्यक्तित्व कुछ ऐसा था कि कोई भी ज्यादा जोर से बोल नहीं सकता था। वे जानते थे कि हम लोग उनसे बुरी तरह डरते हैं और इसका मजा लेकर वे आनेवालों को दिखाकर कहते, 'देखो, कैसे डर रहे हैं ?' शोरगुल या जोर की आवाज उन्हें तनिक भी नहीं भाती थी। चौके में अगर किसी के हाथ से बर्तन छूट जाता तो वे कहते, 'क्या हाथ में दम नहीं है?'...और जिसके द्वारा बर्तन गिरता, उसकी तो जान आफत में आ जाती थी।''

कुमारी चन्दा नायडू स्व. नायडू की पुत्री हैं। अपने पिता के जीवन के कुछ संस्मरण सुनाते हुए उन्होंने कहा, ''पिताजी कभी किसी चुनौती को अस्वीकार नहीं करते थे। वे अपने आपको अशक्त कहा जाना नहीं सुन सकते थे। उनके लिए अशक्त कहा जाना किसी बड़ी बीमारी से भी भयंकर आघात होता था।

''ऐसे ही एक बार पिताजी के परम मित्र व व्यक्तिगत चिकित्सक पद्मश्री डॉ. मुखर्जी ने मजाक में कह दिया, 'कर्नल, यू आर गेटिंग ओल्ड।'

'ह्वाट ! हू इज गेटिंग ओल्ड ?' पिताजी की आवाज में गरज और चुनौती दोनों का सम्मिश्रण था।

डॉ. मुखर्जी ने वस्तुस्थिति भाँपकर बात का रुख पूरे 180 अंशों से बदलते हुए पासा पलटा, 'नथिंग कर्नल, आई एम गेटिंग ओल्ड।'

''पिताजी जुकाम, सर्दी या सर दुखने की शिकायत सुनकर बहुत नाराज होते थे। वे कहते थे, ''अरे, तुम ये सब नखरे कहाँ सीख आए।'' लेकिन अगर परिवार के किसी सदस्य की तबीयत ज्यादा खराब हो जाती तो सबसे ज्यादा वे ही घबरा जाते और उनकी दौड़धूप प्रारम्भ हो जाती। उनकी आँखें नम हो जातीं और यह अनुमान लगाना सचमुच बहुत मुश्किल होता कि चट्टान को पिघलाने में किस दर्द का सामना करना पड़ा होगा।

''उन्हें 'नहीं मालूम और नहीं आता' शब्दों से बेहद चिढ़ थी। 'हमारे

सामने ऐसी बातें मत करो।' वे बुरी तरह बरस पड़ते-चाहे वे गणित का जटिल प्रश्न हो अथवा जीवन की कोई ज्वलन्त समस्या। मुझे कई बार उन्होंने गणित के सवाल हल करके दिए।

"वे संगीत में अत्यधिक दिलचस्पी रखते थे। के.एल. सहगल और काननबाला उसके मनपसन्द गायक थे। अपने संगीत प्रेम के कारण ही उन्होंने घर में हारमोनियम, सितार, जलतरंग, तबला, वायलिन आदि वाद्ययन्त्र खरीदे थे। शास्त्रीय संगीत में वे बेहद रुचि रखते थे और किसी बड़े उस्ताद की तरह वे शास्त्रीय संगीत बहुत ध्यान से सुनते थे।

"अपने आदर्श नियमों पर वे सदैव अटल रहते थे—चाहे इसके लिए उन्हें कैसे ही कुर्बानी क्यों न देनी पड़े। एक बार इन्दौर के हिजहाइनेस ने यह शर्त लगाई कि वे कर्नल साहब को किसी-न-किसी तरह शराब पीने पर बाध्य कर देंगे। पर हुआ वही जो सोचा जा सकता है—हिजहाइनेस को हार माननी पड़ी।

"पिताजी बातें करने में भी बहुत माहिर थे। घंटों वे मजेदार व गम्भीर सभी तरह की बातें कर सकते थे और उनके सम्मुख बैठा व्यक्ति मन्त्रमुग्ध-सा सुनता रह जाता था। हम लोग उनकी कुर्सी के पास जाकर बैठ जाते थे, और घंटों दिलचस्प किस्से सुना करते थे। मेरी आदत भी उनकी ही तरह ज्यादा बात करने की हो गई थी। इस कारण वे लोगों से मेरा परिचय इस प्रकार कराते थे, 'मीट हर, शी इज, माई ग्रांडमदर।'

"पिताजी प्रारम्भ से ही बहुत ज्यादा राजसी ठाठ-बाट से रहे। राजसी तौर-तरीकों की नींव उनमें बचपन से ही पड़ गई थी। उनके दादाजी अत्यधिक रईस थे और भारत खंड के महान 68 व्यक्तियों में उनका नाम था।

"उनके दादाजी सर्वप्रथम कांग्रेस अधिवेशन में रिसेप्शन कमेटी के प्रेसीडेंट भी थे। पिताजी जब प्रथम दिन स्कूल गए थे तो उनके दादा ने उन्हें हाथी पर बिठा बाजे-गाजे के साथ भेजा। इसी राजसी वातावरण में पलने के कारण ही वे छोटे-से-छोटे काम भी खुद नहीं करते थे। रेडियो भले ही उनके पास रखा हो, पर हमें आवाज देकर चालू करवाते थे। फोन करना हो तो नम्बर हमसे मिलवाकर बाद में रिसीवर पर हाथ लगाते थे।

"...और होली का त्यौहार (चन्द्रा की आँखें नम हो आईं) तो वे असीमित उत्साह से मनाते थे। दो-तीन दिन पहले ही अपने पुराने कपड़े निकलवा लेते थे और होली के दिन तो उन पर बिल्कुल बच्चों की-सी मस्ती

छा जाती थी। जब पुराने दोस्त मिलते तो अतीत की मधुर यादों में वो खो जाते। बच्चों को बेहद प्यार करते थे–वे कहते, 'बच्चे तो स्वर्ग के फूल की तरह होते हैं।'

''डर शब्द उनके शब्दकोश से बाहर था। वे अपने सम्पूर्ण जीवन भर हृदय से स्वच्छ व ईमानदार रहे–फिर भला डर कैसा। चार-पाँच वर्ष पहले भोपाल में एक मिनिस्टर को उन्होंने किसी बात पर 'शट अप' कह दिया था। पढ़ने-लिखने व कपड़े पहनने का भी उन्हें बेहद शौक था। उपन्यास व कई पत्र-पत्रिकाएँ वे नियमित रूप से मँगाते थे और उनमें एक रस हो डूब जाते।

''हम लोगों को वे सिनेमा देखने की अनुमति माँगे जाने पर डाँटते, लेकिन वे जब कभी नागपुर जाते तो लिबर्टी टाकीज में सिनेमा देख आते। एक बार हमने किसी से कह दिया, 'देखो पिताजी खुद तो सिनेमा देखते हैं और हमें डाँट लगाते हैं।' उनके कानों में जब ये बातें पहुँची तो वे हमारे भोलेपन पर जोरों से हँस दिए।

''पिताजी हृदय से बहुत ही साफ व पवित्र व्यक्ति थे। कभी किसी को गुस्से में भले ही सीख की बात कह देते थे, पर हृदय में कभी मैल नहीं आने देते थे। उनके व्यक्तित्व से अनभिज्ञ कुछ व्यक्ति उन्हें इसी कारण गलत समझ बैठे और मन-ही-मन बैर करते रहे। पर काश, वे पिताजी के विशाल हृदय के एक कोने को भी समझ पाते।

''कुल मिलाकर हमें गर्व है कि उनकी शिक्षा-दीक्षा में हम लोग योग्य बने।''

स्व. कर्नल के नाती विजय नायडू जो आज म.प्र. के प्रतिभाशाली क्रिकेट खिलाड़ियों में एक हैं, ने अन्त में एक प्रसंग सुनाया–

''एक बार मैं घर में चहलकदमी कर रहा था कि नाना ने डाँटकर बुलाया, 'क्यों ? ऐसे कैसे चल रहे हो ? ऐसे तिरछे पाँवों से चलकर ही बड़े स्पोर्टमैन बनना चाहते हो ? चलो। ठीक तरह से चलकर दिखाओ' और उनकी देखरेख व दहशत में मेरा 'फुटवर्क' ठीक हो गया।''

10

पत्रिकाओं के लिए खेल लेखन

आजकल पत्र-पत्रिकाओं की जैसे बाढ़ आ गई है। इसका मतलब यह है कि इन पत्रिकाओं के लिए लिखनेवाले ज्यादा खेल लेखकों की भी जरूरत है। पत्र-पत्रिकाओं की बाढ़ के कारण अच्छे खेल लेखकों के लेखों को जगह देने की होड़ भी हो गई है। इसलिए अच्छे खेल समीक्षकों व लेखकों की माँग आज कई गुना बढ़ गई है। अच्छे खेल समीक्षकों का पारिश्रमिक भी पहले के मुकाबले कहीं बेहतर हो गया है। किस्मत से इतना तो सच है ही कि खेल पत्रकारिता में पीत पत्रकारिता के लिए कोई स्थान नहीं है।

यह सही है कि आज अच्छे खेल पत्रकारों की सख्त जरूरत है। पर यह भी उतना ही सही है कि अच्छे खेल पत्रकार कम ही मिलते हैं। इसलिए स्वतन्त्र खेल लेखन करनेवाले लेखकों की बन आई है। पर स्वतन्त्र खेल लेखन करके अपने लेख शर्तिया छपवा लेना कोई आसान काम नहीं है। कुछ बिरले ही ऐसे हैं, जिन्होंने यह सम्मान हासिल कर रखा है कि उनके लेख भेजे जाने पर छपते ही हैं।

पत्रिकाओं का ठीक तरह से अध्ययन करने पर यह तो पता चला ही जाता है कि कौन-सी पत्रिका किस तरह के लेख छापती है। कोई लेख पढ़कर आप अनुमान लगा सकते हैं कि अगर आप यही लेख लिखते तो किस तरह लिखते। अगर आप अपने लेख लिखने को योजनाबद्ध कला का रूप देंगे, तो लिखने में काफी आसानी होगी। अतः आपको निम्नलिखित बातों पर ध्यान देना चाहिए–

–तमाम पत्र-पत्रिकाओं को सूक्ष्म अध्ययन कीजिए। अलग-अलग पत्रिकाएँ किस तरह की खेल समीक्षाएँ, साक्षात्कार या आकलन छाप रहे हैं, इसका पता लगाइए। इन लेखों का विश्लेषण कर इसकी सामायिकता का ध्यान रखिए।

यूँ भारत में खेल पत्रिकाएँ ज्यादा नहीं छपती हैं। अंग्रेजी में 'स्पोर्ट्स स्टार' आजकल सबसे ज्यादा लोकप्रिय है, जो मद्रास से 'हिन्दू' समूह निकालता है। इसके फोटो जीवन्त व छपाई सुन्दर होती है। समीक्षाएँ भी देश व विदेश के शीर्ष लेखक व खिलाड़ी लिखते हैं।

हिन्दी में स्तरीय खेल पत्रिकाओं का अभाव हमेशा से बना हुआ है। केवल 'क्रिकेट सम्राट' व 'खेल-हलचल' ने ही अपना प्रभाव जमाया है। कई पत्र- पत्रिकाएँ निकलीं, पर योजना, व्यावसायिक बुद्धिमत्ता व साधनों के अभाव में बन्द हो गईं।

पर यह अच्छी बात है कि समाज में खेलों के बढ़ते हुए महत्त्व को दृष्टिगत रखते हुए अधिकांश सामाजिक, राजनीति व पारिवारिक किस्म की पत्रिकाओं में भी खेलों से सम्बद्ध लेखों को स्थान दिया जाता है। खेल लेखों को स्थान इसलिए मिलता है क्योंकि यह पाठकों व समय की माँग है। अतः खेलों पर लिखनेवाले लेखक कई पत्रिकाओं में अपने लेख प्रकाशनार्थ भेज सकते हैं। अतः खेल पत्रकारों को चाहिए कि जितनी भी खेल पत्रिकाएँ निकलती हैं, उनका भी सूक्ष्म अध्ययन करें। चाहे वे किसी भी पत्रिका के लिए लिखना चाहते हों, पर खेलों से सम्बद्ध खिलाड़ी व विद्वान क्या कहते हैं या सोचते हैं, यह तो विस्तार से खेल पत्रिकाओं में ही मिलेगा। इससे आपका ज्ञान बढ़ेगा और आप अपनी बात ज्यादा आत्मविश्वास से लिख पाएँगें

–खेल सम्बन्धी लेख लिखने के लिए नए विषयों की खोज में रहना चाहिए। हर खेल घटना के कई पहलू होते हैं। सामान्य रूप से ज्ञात पहलुओं पर सभी लिखना चाहते हैं। आपको कुछ अनजान पहलुओं पर प्रकाश डालने का प्रयास करना चाहिए या ऐसा पहलू छूना चाहिए, जिसकी ओर अन्य लेखकों का ध्यान आसानी से न जा सकता हो। ऐसा करने से पत्रिका के सम्पादक का ध्यान आपके लेख पर तुरन्त चला जाएगा और समझ लीजिए आपने पहली बाधा पार कर ली है।

—विषय विस्तार प्रमुख चीज होती है। आपके दिमाग में जो अनछुआ पहलू व उसके बारे में विचार घुमड़ रहे हैं, उसे व्यवस्थित रूप से विकसित होने दीजिए। उनके बारे में खोजबीन भी करिए। शोध की गई सामग्री हमेशा सम्पादक को आकर्षित करती है और लेखक की विश्वसनीयता बढ़ाती है।

—पक्षपात की बात आपके दिमाग के किसी भी कोने में हो, तो उसे निकाल फेंकिए। अपनी पसन्द व नापसन्द को आरोपित करने की कोशिश न कीजिए। आप किसी खिलाड़ी को व्यक्तिगत रूप से पसन्द न करते हों, पर इसका अर्थ यह नहीं है कि आप उस खिलाड़ी के चमकदार प्रदर्शन को भी नजरअन्दाज करें। तथ्यों को झुठलाने से बड़ा पाप कोई नहीं होता। अपने विचारों को हमेशा सन्तुलित करके लेखन में उतारें। बेचारे पाठक आपका लेख इस आशा से पढ़ते हैं कि आप तथ्यों के साथ अपना विवेचन प्रस्तुत कर रहे हैं। उन्हें इस बात में भला क्या दिलचस्पी हो सकती है कि आप व्यक्तिगत रूप से किसे पसन्द या नापसन्द करते हैं।

—साफ-साफ व सुन्दर अक्षर लिखने चाहिए। अपनी बातों को घुमा-फिरा कर प्रस्तुत करने की आदत से बचना चाहिए। कई लेखक तो पूरे लेख का एक खाका लिख लेते हैं और बाद में लेख को विस्तार देते हैं। इससे उन्हें विचारों को व्यवस्थित रूप से सँजोने व प्रस्तुत करने में आसानी होती है। पर कई लेखकों की लय लेख लिखते-लिखते ही जमने लगती है। वे अलग से खाका नहीं बनाते। मैंने कम-से-कम 500 लेख प्रतिष्ठित पत्रिकाओं में लिखे होंगे। दिमाग में ही खाका रखा और उसे लिखते वक्त विस्तार देता रहा। पर नए खेल पत्रकारों के लिए खाका लिखकर फिर उस लेख का विकास करना ज्यादा सुगम होगा।

—आपके लेख लिखने का मकसद समझ में आना चाहिए। बिना मकसद के लिखा हुआ लेख सम्पादक रद्दी की टोकरी में डाल देगा या सखेद वापस कर देगा।

—खिलाड़ियों व खेल से जुड़े महत्त्वपूर्ण व्यक्तियों की जन्मतिथि व पुण्यतिथि कहीं पर नोट कर के रखनी चाहिए। खिलाड़ियों पर ऐसे वक्त फीचर लिखे जा सकते हैं।

—विशेष अवसरों के लेख भी सम्पादक जल्दी स्वीकृत करते हैं। अगर भारत व इंग्लैंड के बीच पचासवाँ टेस्ट खेला जा रहा हो, तो सारे आँकड़े देकर अच्छा लेख बनाया जा सकता है।

—सम्पादकों के साथ सम्पर्क बनाए रखिए। इसका मतलब यह नहीं है कि

लेखकों को सम्पादकों की खुशामद करनी चाहिए। सम्पादकों के सम्पर्क बनाने से फायदा यह होता है कि सम्पादक आपके व्यक्तित्व व आपकी गम्भीरता को पहचानने लगता है। विनम्रता प्रकट करने व इज्जत बख्शने में कंजूसी नहीं करनी चाहिए, पर चापलूसी से हर कीमत पर बचना चाहिए। एक बार सम्पादक का आप पर विश्वास जम गया, तो समझ लीजिए, काफी जंग आप जीत गए।

–विशेष अवसरों पर प्रकाशित किए जानेवाले लेख कम-से-कम एक मास पहले पत्रिकाओं को भेज देने चाहिए। तभी सम्पादक उसे छापने की योजना बना सकता है। अखबारों में छपनेवाले लेख भले ही त्वरित रूप से आमन्त्रित किए जाते हों, पर पत्रिकाओं में छपनेवाले लेखों की योजना काफी पहले बना लेनी होती है।

–कुछ लेख ऐसे होते हैं जिनका महत्त्व स्थायी होता है। ऐसे लेख दिलचस्प भी होते हैं और सम्पादकों द्वारा पसन्द भी किए जाते हैं।

मुझे याद है, मैंने एक लेख नवनीत (हिन्दी डाइजेस्ट) के लिए लिखा था जो प्रकाशित भी हुआ था। इस लेख का शीर्षक था–''महानतम् बल्लेबाज कौन ?'' इस तरह के लेखों में शोध, दिलचस्प घटनाओं और विश्लेषण-क्षमता का परिचय मिलता है। ऐसे लेख हर कोई लिख भी नहीं सकता, क्योंकि शोध व विश्लेषण के साथ खेल के पूर्ण तकनीकी ज्ञान का होना बहुत जरूरी होता है। 'नवनीत' भारतीय समाज की बहुत ही प्रतिष्ठित पत्रिका रही है। इसके सम्पादक थे श्री सत्यकाम विद्यालंकार व श्री नारायणदत्तजी, उन्हें यह लेख बहुत पसन्द आया था। फिर नवनीत प्रकाशन ने 'नवनीत' में छपे श्रेष्ठ लेखों को एक अद्भुत संकलन के रूप में निकाला 'नवनीत सौरभ' के नाम से ! इस संकलन में उपरोक्त लेख शामिल किया गया था। वही लेख यहाँ आपके लिए उदाहरणार्थ प्रस्तुत है।

महानतम बल्लेबाज कौन ?

–सुशील कुमार दोषी

क्रिकेट के इतिहास का सर्वश्रेष्ठ बल्लेबाज कौन हुआ है ? यह एक ऐसा दिलचस्प प्रश्न है, जिसका समाधान कई क्रिकेट-प्रेमी चाहते होंगे। परन्तु समाधान खोजना आसान काम नहीं है। प्रत्येक युग का महान खिलाड़ी अपने समय की अलग-अलग किस्म की गोलन्दाजी का प्रभुत्व जमाकर क्रिकेट प्रेमियों के मन में बस जाता है। उनकी परस्पर तुलना करके एक क्षण में

निष्कर्ष नहीं निकाला जा सकता कि उनमें कौन ज्यादा महान है।

डॉ. डब्ल्यू.जी. ग्रेस महान खिलाड़ी थे–अपने व्यक्तित्व के कारण भी तथा क्रिकेट पर अपने गहरे प्रभाव के कारण भी। इसी तरह अपने-अपने समय में विक्टर ट्रम्पर, जैक हाब्स तथा ब्रैडमेन भी सर्वश्रेष्ठ बल्लेबाज थे। रणजीतसिंह (यानी नवानगर के जामसाहब, जिनके नाम से भारत की प्रसिद्ध रणजी ट्राफी चलती है) के उच्चस्तरीय खेल का एक जमाना था और यह निश्चयपूर्वक कहा जा सकता है कि सन् 1896 से 1900 तक वे विश्व के सर्वश्रेष्ठ बल्लेबाज थे।

रणजीतसिंहजी और बहुचर्चित डब्ल्यू.जी. ग्रेस के खेल को तुलनात्मक दृष्टि से देखने के पहले दो महत्त्वपूर्ण बातें गौर करने योग्य हैं। पहली तो यह कि ग्रेस के खेल का तरीका रणजी से कुछ भिन्न था और दूसरी यह कि जिस नई शैली का प्रवर्तन ग्रेस ने किया था, उसी को अपनाकर रणजी क्रिकेट-जगत में चमके। ग्रेस को अपनी तकनीक ईजाद करनी पड़ी थी; रणजी को बनी-बनाई तकनीक मिल गई थी।

प्रथम श्रेणी के क्रिकेट-अम्पायर राबर्ट टाम्स सन् 1870 से 1900 तक के दौर के क्रिकेट के अनुभवी प्रत्यक्षदर्शी थे। उन्होंने एक बार कहा था– "रणजी ग्रेस से ज्यादा अच्छे बल्लेबाज थे, क्योंकि वे ज्यादा किस्म के स्ट्रोक लगा सकते थे।"

ई.वी. लुकास ने लिखा है–"यों तो डब्ल्यू.जी. ग्रेस ने क्रिकेट का रणजी से ज्यादा उपकार किया है और वे एक अच्छे गोलन्दाज भी थे। लेकिन जहाँ तक केवल बल्लेबाजी का सवाल है, रणजी सबसे बड़े जादूगर थे। वैसे विक्टर ट्रम्पर, मेकार्टनी तथा जैक हाब्स भी महानता में उनसे ज्यादा पीछे नहीं थे।"

अपने समय के बल्लेबाजों की योग्यता की तुलना करने के बाद आर्थर लिली इस निष्कर्ष पर पहुँचे थे :

1. डॉ. डब्ल्यू.जी. ग्रेस-क्रिकेट की दुनिया के सर्वोत्तम आलराउंडर।
2. आर्थर श्रूज़बरी-पेशेवर बल्लेबाजों में मूर्धन्य।
3. विक्टर ट्रम्पर-आस्ट्रेलिया में पैदा हुए सबसे महान बल्लेबाज।
4. क्लेम हिल-उलटे हाथ से खेलनेवाले बल्लेबाजों में अतुलनीय।
5. रणजीतसिंहजी–जहाँ तक सिर्फ बल्लेबाजी का सवाल है, निर्विवाद विश्व के सर्वोत्तम खिलाड़ी।

सन् 1905 से 1933 तक अपनी काउंटी टीम ससेक्स की ओर से

खेलनेवाले क्रिकेट-खिलाड़ी राबर्ट रेल्फ का यह दृढ़ मत था कि रणजी दुनिया के सर्वश्रेष्ठ बल्लेबाज थे।

ऐसा ही मत था ए.सी.एम. क्रूर का। सन् 1903 में मैनचेस्टर मैदान में आस्ट्रेलिया-इंग्लैंड के बीच टेस्ट मैच चल रहा था। मैच के दौरान जब बारिश हुई, तो सभी खिलाड़ियों को पैवेलियन में लौटना पड़ा। खाली समय में आर्थर गिलिगन, सर होम गार्डन और क्रूम के बीच रणजी के खेल की चर्चा चली।

"क्या आप रणजी को ऐसा बल्लेबाज मानते हैं, जिन्होंने बल्लेबाजी की तकनीक में प्रयोगों द्वारा क्रान्तिकारी परिवर्तन किए ?" आर्थर गिलिगन ने क्रूम से प्रश्न किया।

"मैं रणजीतसिंहजी को सर्वकालीन सर्वश्रेष्ठ बल्लेबाज मानता हूँ, भले ही आप उनकी तुलना किसी भी अन्य खिलाड़ी से क्यों न कर लें।" क्रूम ने तुरन्त उत्तर दिया।

प्रसिद्ध खिलाड़ी फ्राय ने अपनी जीवनी 'लाइफ बर्थ लिविंग' में सर्वकालीन महान खिलाड़ियों की तुलना बड़े ही दिलचस्प ढंग से की है। उन्होंने लिखा है–"मैंने जितने बल्लेबाज देखे, उनमें रणजीतसिंहजी को छोड़कर केवल ट्रम्पर ही एक ऐसे बल्लेबाज थे, जिन्होंने हर प्रकार की गोलन्दाजी को सरल एवं साधारण साबित कर दिया था। फिर भी न तो वे रणजी जितने ठोस बल्लेबाज थे और न ही बल्ले को घुमाने में उनकी तरह फुर्तीले थे। रणजी अपने खेल में गोलन्दाज के लिए बेहद निर्दय व घातक होते थे, जबकि ट्रम्पर के खेल में कुछ दया-माया-सी रहती है।

"श्रेष्ठ बल्लेबाजों की तुलना करके किसी ठोस निष्कर्ष पर पहुँचना तो असम्भव-सा ही है। क्रिकेट के कई जानकार शैली और कार्यक्षमता के आधार पर ट्रम्प को श्रेष्ठतम बल्लेबाज ठहराते हैं। मैं सोचता हूँ, विवाद केवल डब्ल्यू. जी. ग्रेस, ट्रम्पर, रणजीतिसिंहजी और डान ब्रैडमेन इन चार दिग्गजों को लेकर हो सकता है।"

"मेरा अपना मत यह है कि ग्रेस के स्ट्रोक्स की शक्ति अन्य तीनों खिलाड़ियों के सम्मिलित शक्ति से भी ज्यादा थी और वे एक ही किस्म का स्ट्रोक लगाने की क्षमता रखते थे। विक्टर ट्रम्पर के खेल में आकर्षण सबसे ज्यादा था और प्रत्येक गेंद पर वे दो तरह के स्ट्रोक लगाने की क्षमता रखते थे।"

"रणजीतसिंहजी के खेल में सफाई व सुन्दरता सबसे ज्यादा थी और प्रत्येक गेंद पर वे तीन तरह के स्ट्रोक लगाने की क्षमता रखते थे। डान ब्रैडमेन

ने सबसे ज्यादा रन अर्जित किए और उनके पास ऐसे स्ट्रोक्स भी थे, जिनकी समता तीनों नहीं कर सकते थे। स्ट्रोक्स की नियमबद्धता के कारण ही ब्रैडमेन को स्वाभावसिद्ध खिलाड़ी ठहराया गया है। पर जहाँ तक खेल में मौलिकता का सवाल है, केवल ब्रैडमेन ही रणजीतसिंहजी की बराबरी कर सकते हैं।''

अपना तुलनात्मक विवेचन रणजी और ब्रैडमेन पर ही केन्द्रित करते हुए फ्राय ने लिखा है–''जहाँ तक प्रतिष्ठा का सवाल है, रणजी और ब्रैडमेन क्रिकेट-जगत् में समान रूप से प्रसिद्ध थे। दोनों महान खिलाड़ी शतक बनाते समय गोलन्दाज की धुर्रियाँ जिस निर्ममता से उड़ाते थे, उसका कोई सानी नहीं। दोनों के खेल में अन्तर यह था कि जहाँ रणजीतसिंहजी रेजर-ब्लेड-सी तीखी धार से गोलन्दाजी के बारीक टुकड़े करते दिखाई पड़ते थे, वहीं डान ब्रैडमेन उसे छड़ से धुनते प्रतीत होते थे।

''डान ब्रैडमेन की रन-संख्याएँ रणजीतसिंहजी से कहीं ज्यादा बड़ी थीं; पर यह नहीं भूलना चाहिए कि रणजी का क्रिकेट तीन दिनों के मैचों की आवश्यकता के अनुरूप ढला था। यही नहीं, रणजी ऐसी गोलन्दाजी के भी खिलाफ खेले थे, जो ज्यादा घातक थी और जिससे आउट होने का अन्देशा कहीं अधिक था। फिर भी रणजीतसिंहजी ने इस पैनी गोलन्दाजी का जिस सफाई व सुन्दरता से भरे स्ट्रोक्स से स्वागत किया, उसकी कोई तुलना ही नहीं।''

''मैंने ब्रैडमेन द्वारा बड़े आश्चर्यजनक ढंग से गोलन्दाजी के टुकड़े-टुकड़े किए जाते देखा है; लेकिन मैंने उन्हें कभी ऐसे भयावह विकेट पर शतक अर्जित करते नहीं देखा, जिस पर गेंद बुरी तरह उछलती हो। लेकिन रणजी को मैंने ऐसे ही भयावह विकेट पर गुड लेंग्थ गेंदों पर शतक बनाते आश्चर्य से निहारा है। यही नहीं, ब्रैडमेन को रणजी की तरह मैंने ऐसे कीचड़-भरे विकेट पर 260 (नाट आउट) बनाते भी नहीं देखा, जिस पर उनकी टीम का दूसरा कोई भी बल्लेबाज 10 रन भी नहीं बना पाया हो।''

वैसे दृढ़तापूर्वक यह कहना कि रणजी ही सर्वश्रेष्ठ बल्लेबाज थे, जल्दबाजी होगी। मैं तो यह मानता हूँ कि किसी बल्लेबाज की इससे बड़ी इज्जत क्या हो सकती है कि उसे डब्ल्यू.जी. ग्रेस, हाब्स व ब्रैडमेन की श्रेणी में गिना जाए। वैसे इनकी ही श्रेणी में जेसप, मेकार्टनी, हेमंड, वूली, सी.के. नायडू, वारेल आदि कुछ नाम और जोड़े जा सकते हैं। पर यह बात निश्चित है कि संसार के सर्वश्रेष्ठ बल्लेबाजों की सूची में रणजी का नाम किसी भी हालत में नहीं छोड़ा जा सकता।

11
खेल स्तम्भ

'खेल स्तम्भ' का किसी भी सामचार-पत्र या पत्रिका के लिए बड़ा महत्त्व होता है। खेल स्तम्भ लिखनेवाले लेखक की सामान्यतः पहले से स्थापित पहचान स्थापित होती है। उसकी लोकप्रियता को देखकर ही उसे स्तम्भ लिखने को आमन्त्रित किया जाता है। पर अगर आप नए हैं और खेल स्तम्भ लिखना चाहते हैं, तो इसके लिए आपके सम्पादक को आपकी बुद्धिमानी व प्रतिभा पर पूरा भरोसा होना चाहिए।

यह हमेशा ध्यान रखना चाहिए कि खेल स्तम्भ कोई सामान्य लेखन या रिपोर्टिंग नहीं है। खेल स्तम्भ लिखने के लिए खेलों पर गहरी पकड़, खिलाड़ियों व खेल अधिकारियों के बारे में विस्तृत जानकारी, सूक्ष्म विवेचन क्षमता, अच्छी भाषा व उसकी बेहतर अभिव्यक्ति जरूरी है। साधारणतः काफी लम्बे अनुभव के बाद ही किसी खेल पत्रकार को नियमित खेल स्तम्भ लिखने की जिम्मेदारी सौंपी जाती है।

खेल स्तम्भ लिखना अपने-आप में एक बड़ी कला है। नियमित अभ्यास करने पर सही खबर ग्रहण कर उस पर टिप्पणी करने की कला आ जाती है। खेल स्तम्भ लिखनेवाले लेखक का अपना एक विशिष्ट पाठक-वर्ग होता है। खेल स्तम्भकार न केवल अपना दृष्टिकोण प्रकट करता है बल्कि पाठकों का मत भी बनाता है। अतः लेखक की जिम्मेदारी यहाँ बढ़ी-चढ़ी होती है।

सबसे कड़ी परीक्षा स्तम्भ लेखक की तब होती है, जब उसे अपनी पसन्द या नापसन्द के खिलाड़ी या खेल अधिकारी के बारे में टिप्पणी करनी होती है। दोनों ही मामलों में निष्पक्षता खोने का डर बना रहता है।

किसी की आलोचना करने में मजा तो बहुत आता है, पर ऐसा करते वक्त सन्तुलन व तथ्यपरकता का ध्यान रखना चाहिए। कई बार खेल स्तम्भों में पाया जाता है कि अपनी खुशी व अपने शिकार को हास्यास्पद बनाने की दिली इच्छा के कारण लेखक खिलाड़ी के मुँह में वे शब्द डाल देता है, जो उसने कहे ही नहीं हैं। ऐसे स्तम्भ लेखक खेलों की दुनिया के वातावरण को दूषित करते हैं। सम्पादकों को चाहिए कि ऐसी संकीर्ण मनोवृत्तिवाले लेखकों से खेल स्तम्भ न लिखाएँ। यह हमेशा ध्यान रखना चाहिए कि कलम का उपयोग व्यक्तिगत हिसाब चुकाने के लिए नहीं किया जाए। जो ऐसा करता है, वह कलम की ताकत का दुरुपयोग करता है।

खेल स्तम्भ लिखते रहने के लिए लिखने के अभ्यास से ज्यादा जरूरी है अधिकाधिक अभ्यास ! सभी तरह की खेल विषयक खबरों को पढ़ते रहने में बड़ा फायदा है। इन्हीं विषयों में से कोई एक 'थीम' आप पकड़ सकते हैं। यही विषयवस्तु को पकड़ने की क्षमता को जन्मजात प्रतिभा भी कहते हैं।

12 अक्टूबर, 1991 को सभी अखबारों में खबर थी कि क्रिकेट खिलाड़ियों को अब ज्यादा पैसा मिलेगा, क्योंकि बड़े-बड़े उद्योगपति अब प्रायोजक बनकर सामने आ रहे हैं। साथ ही सुनील गावस्कर की टिप्पणी भी छपी थी कि अब ज्यादा रकम मिलने के कारण खिलाड़ी अपनी शत-प्रतिशत ऊर्जा खेल की ओर लगाएँगे। यहीं से मेरे दिमाग में सोच आरम्भ हुई कि क्या भारतीय खिलाड़ी देश के लिए अपना शत-प्रतिशत देने के लिए तभी तैयार होते हैं, जब उन्हें ज्यादा रकम प्राप्त हो। बस इसी विषय-वस्तु को विस्तार देकर विकसित किया जा सकता है।

स्तम्भ लेखक अगर चाहे तो कोई एक-दो विषयों पर विशेषज्ञता हासिल कर सकता है। खेल के सभी विषयों पर समान अधिकार के साथ लिखनेवाले लेखक

विरले ही होते हैं। मेरा मुख्य विषय क्रिकेट रहा है, तो मुझे कई बार 'क्रिकेट की बात, सुशील दोषी के साथ' शीर्षक से नियमित स्तम्भ लिखने का निमन्त्रण मिलता रहा है। ए.एफ.एस. तल्यारखाँ ने अंग्रेजी में सभी खेल विषयों पर स्तम्भ लिखा है। उनके स्तम्भों की पाठकों को प्रतीक्षा-सी बनी रहती है। पहले 'टाइम्स ऑफ इंडिया' में लिखते रहे। फिर साप्ताहिक 'ब्लिट्ज़' में उनका स्तम्भ हम पढ़ते रहे। इनकी विशेषता थी–कोई एक बात निकालकर तर्कसंगत तरीके से उसका विवेचन। फिर वे काफी साहसी व निडर भी रहे। इस कारण उनके लेखन में बेवाकी व ईमानदारी नजर आती रही।

हिन्दी के खेल स्तम्भ लेखक सामान्यतः अंग्रेजी लेखन से प्रभावित रहते हैं, जो कि बड़े क्षोभ की बात है। चूँकि हिन्दी में खेल लेखन को अभी वह सम्मानपूर्ण दर्जा नहीं मिला है, जो कि अंग्रेजी के खेल टीकाकारों को प्राप्त है, इसलिए हिन्दी के खेल लेखन का विकास तेजी से नहीं हुआ है। फिर भी वक्त की माँग के मुताबिक इस दिशा में तेजी आई है। साथ ही आया है पेशेवर व्यवहार !...और जब किसी क्षेत्र या विधा में पेशेवर व्यवहार आ जाता है, तब उसमें उन्नति होती ही है।

इसीलिए हम पाते हैं कि बड़े-बड़े शहरों में खेल लेखक संघ बने हुए हैं।

'रविवार' साप्ताहिक के लिए 'खेलों की बात' शीर्षक से नियमित खेल स्तम्भ मैंने एक वर्ष तक लिखा है। इन्हीं में से एक बानगी के तौर पर प्रस्तुत हैं–

अम्पायरिंग विवाद : समाधान क्या है ?

लोग कहते हैं कि क्रिकेट भद्रजनों का खेल हैं। लोग यह भी कहते हैं कि क्रिकेट में अम्पायरों का निर्णय अन्तिम होता है और खिलाड़ी को उस पर शक करने का कोई अधिकार नहीं है। शक करनेवाला खिलाड़ी भद्र नहीं माना जाएगा, क्योंकि कोई भी अम्पायर जान-बूझकर कोई गलत निर्णय नहीं देता और न ही वह जान-बूझकर पक्षपात करता है। हाँ, इन्सानी भूलों की बात अलग है। अम्पायर भी तो आखिर इंसान है।

उपर्युक्त सभी बातें सुनने व पढ़ने में बड़ी अच्छी व प्रभावशाली मालूम पड़ती हैं। पर आजकल वास्तव में हो क्या रहा है ? यह क्रिकेट केवल भद्रजनों का खेल रह गया है ? क्या अम्पायर पक्षपात से परे हैं ?

ये तमाम सवाल मेरी ही तरह आपके भी दिमाग में जरूर आते होंगे।

अब तो यह भी डर लगता है कि कहीं क्रिकेट के मैदान में भी फुटबाल की हिंसा हावी न हो जाए और अम्पायरों के पिटने का सिलसिला शुरू हो जाए।

यह आप भी मानेंगे कि क्रिकेट में आजकल खिलाड़ियों को काफी पैसा मिलने लगा है। अतः कोई भी खिलाड़ी टीम से बाहर नहीं रहना चाहता। आउट की घटनाओं से अम्पायरिंग के स्तर पर गहरा प्रभाव पड़ता है। आजकल आप दुनिया-भर के क्रिकेट खिलाड़ियों की बात सुन लीजिए। वेस्टइंडीजवाले कहेंगे कि आस्ट्रेलिया व न्यूजीलैंड के अम्पायर हद दरजे के पक्षपाती हैं। पाकिस्तानी अम्पायर तो अपनी पक्षपातपूर्ण अम्पायरिंग के लिए जगत-प्रसिद्ध हैं। आस्ट्रेलिया, इंग्लैंड व पाकिस्तान के खिलाड़ी भारत के अम्पायरों पर पक्षपाती होने का दोषारोपण कई बार कर चुके हैं। और अगर इन सभी खिलाड़ियों के आरोप सच मान लिए जाएँ, तो हम एक बहुत ही हास्यास्पद निर्णय पर पहुँचेंगे कि दुनिया-भर के अम्पायर आजकल बेईमान हो गए हैं। लेकिन क्या ऐसा सम्भव है ?

इस विवाद में शामिल होने से पहले लोगों को क्रिकेट की मूल जानकारियाँ हासिल करनी चाहिए, साथ ही नियमों को भी गौर से पढ़ना चाहिए। क्रिकेट में कोई खिलाड़ी इसलिए आउट नहीं होता है कि वह आउट है। क्रिकेट में कोई खिलाड़ी तब आउट होता है, जब अम्पायर की नजर में वह आउट हो। अगर नियम में यह लिखा होता कि अम्पायर नहीं, बल्कि दूरदर्शन की नजर में अगर खिलाड़ी आउट हो, तो ही उसे आउट दिया जाए, तो बात दूसरी होती। इसलिए मैं मानता हूँ कि अम्पायर जैसा निर्णय दे, अच्छा या बुरा, क्रिकेट के मूल नियमों की इज्जत करते हुए उसे स्वीकार करना खिलाड़ी का कर्त्तव्य हो जाता है। लेकिन दुःख यह है कि आजकल अपना कर्त्तव्य कोई समझता नहीं। आजकल कर्त्तव्य की वकालत करनेवाले बहुत मिल जाएँगे, पर कर्त्तव्य का पालन करनेवाला नहीं। लेकिन एक बात आजकल सभी मान रहे हैं कि अम्पायरिंग का स्तर विश्व में हर तरफ गिर गया है। इसका एक कारण यह भी है कि जहाँ खिलाड़ियों को अत्याधिक पैसा मिल रहा है, उसके मुकाबले अम्पायरों को बहुत ही कम रकम मिलती है। असन्तुष्ट व्यक्ति कभी अपना काम ठीक से अंजाम नहीं दे सकता। यही बात अम्पायरों के साथ भी सत्य है।

मेरे ख्याल से अम्पायरिंग का विवाद 'न्यूट्रल' या तटस्थ अम्पायर रखने से काफी हद तक हल हो सकता है। उदाहरण के लिए अगर भारत व

पाकिस्तान के बीच मैच चल रहा हो, आस्ट्रेलिया का अम्पायर रखा जा सकता है। दरअसल हॉकी, फुटबाल व अन्य कुछ खेलों में ऐसा हो रहा है। भारत में भी दिलीप ट्रॉफी मुकाबलों में ऐसा किया जाने लगा है।

इसका मतलब यह नहीं है कि तटस्थ अम्पायर कोई गलती नहीं करेगा। आउट होने पर भी खिलाड़ी यह सिद्ध करना चाहता है कि दरअसल वह आउट था नहीं, मगर अम्पायर के गलत निर्णय के कारण वह आउट दे दिया गया है। इस तरह गलतियाँ तो उससे भी होंगी, पर अन्तर यह होगा कि तटस्थ अम्पायर की गलतियाँ इंसानी भूल समझकर माफ कर दी जाएँगी और किसी भी टीम को कोई गिला-शिकवा नहीं रहेगा।

12
खेलों का तकनीकी ज्ञान

इस पुस्तक में जगह-जगह यह कहा गया है कि खेल-लेखन सामान्य लेखन या अपना रिपोर्टिंग से भिन्न हैं, क्योंकि भाषा के अलावा खेलों का तकनीकी ज्ञान अत्यन्त आवश्यक होता है। खेलों का तकनीकी ज्ञान पढ़कर ग्रहण करना बहुत आसान नहीं होता क्योंकि बगैर खेले, अधिकांश खेलों की तकनीकी जटिलताएँ समझ लेना मुश्किल होता है।

अतः पहली सलाह जो नए खेल पत्रकारों को दी जा सकती है, वह यह है कि जब भी बने प्रत्येक खेल को खेल कर अवश्य देखना चाहिए। हो सकता है, आप बहुत अच्छे खिलाड़ी साबित न हों, पर आपको यह तो समझ में आ ही जाएगा कि अगला खिलाड़ी बनने के लिए कितने परिश्रम, लगन, अभ्यास व तकनीक कुशलता की आवश्यकता है। आप यह भी समझ जाएँगे कि शारीरिक सक्षमता व अनुशासन का खिलाड़ी के जीवन में कितना महत्त्व है ? इससे खिलाड़ियों के खेल के प्रति आपका रवैया ज्यादा व्यावहारिक होगा और आप

अनजाने ही पक्षपात करने के दोषी न होंगे।

कई बार हम देखते हैं कि किसी बल्लेबाज द्वारा लगाया गया स्ट्रोक 'कवर' व 'एक्स्ट्रा कवर' के बीच में से ऊँचा निकल जाता है। अब जिस खेल पत्रकार ने कभी मैदान पर क्षेत्ररक्षण न किया वह लिख देगा कि कैच छोड़ दिया गया। पर अनुभवी पत्रकार, जिसने कभी क्षेत्ररक्षण किया हो, कह सकता है कि वह स्ट्रोक हवा में ऊँचा जरूर गया, पर क्षेत्ररक्षकों की पहुँच के बाहर था, अतः उसे कैच नहीं कहा जा सकता है।

दूसरी महत्त्वपूर्ण बात यह है कि सभी खेलों के नियम आपको मालूम होने चाहिए। इसके लिए खेलों की छोटी-छोटी नियमावलियाँ खरीदकर पढ़ते रहना चाहिए। खेलों के नियमों में हो रहे परिवर्तनों पर भी नजर रखनी चाहिए। यह विश्लेषण भी करते रहना चाहिए कि बदले गए नियमों से खेल व खिलाड़ियों पर क्या असर पड़ेगा ?

क्रिकेट की बात हो, तो आपको मैदान की लम्बाई, चौड़ाई, गेंदपट्टी की लम्बाई व चौड़ाई, गेंद का आकार व उसके वजन आदि सब मालूम होने चाहिए। क्रिकेट के नियमों में होनेवाली तब्दीलियाँ मालूम करते रहना चाहिए। एकदिवसीय क्रिकेट या सीमित ओवरोंवाला क्रिकेट, टेस्ट क्रिकेट के एकदम भिन्न होता है। दोनों के नए नियम मालूम होना चाहिए। भारतीय क्रिकेट खिलाड़ियों को एक टेस्ट खेलने का कितना रुपया मिलता है और एक सीमित ओवरोंवाले मैच का कितना–यह सब ज्ञात रखना चाहिए।

यह भी ध्यान रखना चाहिए कि जब दो देशों के बीच टेस्ट शृंखला होती है, तो शृंखला शुरू होने के पहले 'खेल की शर्तें' या 'प्लेइंग कंडिशंस' तय कर ली जाती हैं। ये शर्तें दोनों देशों के क्रिकेट कंट्रोल बोर्डों को मान्य होती हैं। अतः जब भी मैच कवर करने जाएँ, तो क्रिकेट कंट्रोल बोर्ड के जिम्मेदार अधिकारी से शृंखला की शर्तें माँग लें। 'पिच' मैच के शुरू होने के बाद व पहले ढँकी जाएगी या नहीं, या एक ओवर में कोई गेंदबाज कितने बाउंसर फेंक सकता है–ये बातें 'खेल की शर्तों' के अन्तर्गत आती हैं।

यदि क्रिकेट की रिपोर्टिंग करते हैं, तो आपको क्रिकेट की सारी शब्दावली व स्थितियाँ मालूम होनी चाहिए। जैसे आपको यह मालूम होना चाहिए कि स्लिप, गली, थर्डमैन, कवर, एक्स्ट्रा कवर, मिड-ऑफ, सिली मिड-ऑफ, लांग ऑफ, फारवर्ड शार्ट लेग, बैकवर्ड शार्ट लेग, लेग स्लिप, डीप फाइन लेग, लांग लेग, स्क्वेयर लेग, मिड विकेट, सिली मिड-ऑन, मिड-ऑन व लांग ऑन आदि कहाँ

क्रिकेट मैदान की नई जमावट

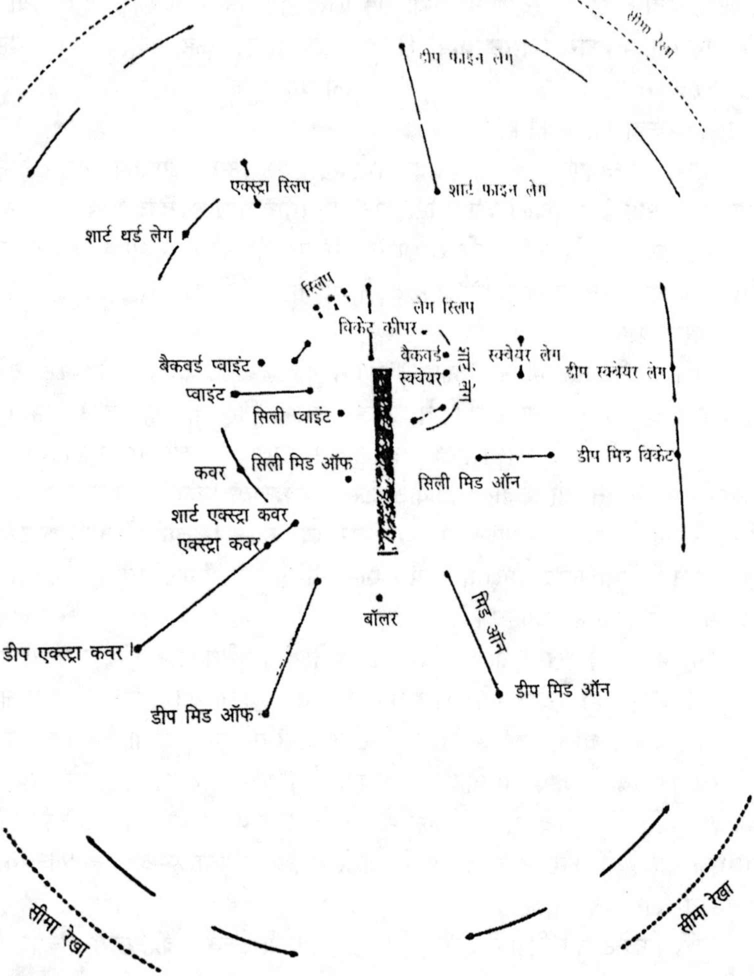

अम्पायर के संकेत

छक्का

बाय रन

चौका

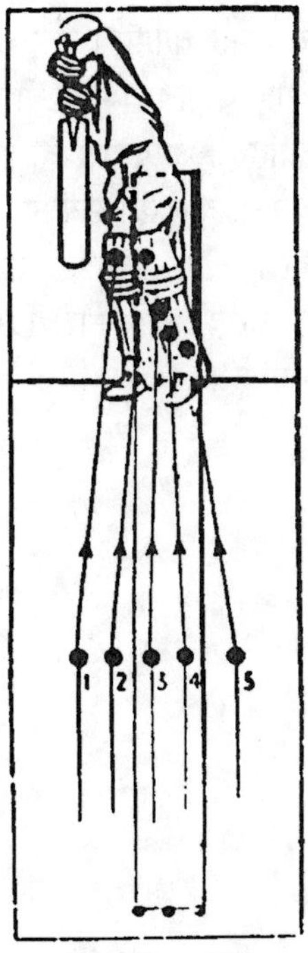

एल.बी. डब्ल्यू. स्थिति

वनशार्ट (एक रन कम)

लेग बाय

नो बॉल

आउट

वाइड बॉल

होते हैं। इन सारी स्थितियों को दर्शानेवाला एक नक्शा दिया जा रहा है। इससे आप आसानी से सारी स्थितियाँ समझ सकते हैं।

इसी तरह हॉकी के खेल के मैदान की लम्बाई, चौड़ाई, गेंद का रंग, आकार व वजन, हॉकी स्टिक की लम्बाई व चौड़ाई आदि सब मालूम होनी चाहिए। मैदान की स्थितियों की जानकारी भी होनी चाहिए। मैदान में सेंटर फारवर्ड किसे कहते हैं और पुल बैक किसे, यह सब मालूम होना चाहिए। इन तकनीकी ज्ञान के कारण आप पाएँगे कि आपकी रिपोर्टिंग कसवाट भरी व तकनीकी रूप से सक्षम होगी। उसमे विश्वसनीयता भी आ जाएगी और सब आपकी इज्जत करेंगे।

प्रत्येक खेल में अम्पायर, रैफरी या लाइंसमैन होते ही हैं। इनके संकेतों को समझना चाहिए। एक बल्लेबाज के आउट होने के तरीके क्या-क्या हो सकते हैं ? कोई बल्लेबाज एल.बी.डब्ल्यू. कैसे आउट होता है ? ये सब बातें मालूम होनी चाहिए। अम्पायरों के संकेतों को समझने के लिए ठीक से नियमों का अध्ययन करना चाहिए। छक्का, बाई रन, चौका, वन शॉर्ट (एक रन कम), लेग बाई, नो बाल, आउट, वाइड बॉल आदि देते वक्त क्रिकेट में अम्पायर क्या संकेत देता है, इसकी जानकारी दिमाग में बैठ जानी चाहिए। ये सभी संकेत भी आगे दिए गए हैं।

13
यात्रा संस्मरण

आपने कई यात्रा-संस्मरण पढ़े होंगे। यह सामान्यतः प्रकृति-वर्णन, बोलचाल, रहन-सहन व लोगों के चरित्र के बारे में ही पढ़े होंगे। इस मायने में खेलकूद से सम्बन्धित यात्रा-संस्मरण कुछ अलग ढंग से लिखे जाते हैं।

हो सकता है कि खेल-पत्रकारिता में आप इतने लोकप्रिय हो जाएँ कि आपका अखबार आपको देश-विदेश में होनेवाले मैचों को कवर करने भेजे। इस स्थिति में खेल पत्रकार की जिम्मेदारी बहुत बढ़ जाती है। एक कारण तो यह है कि आजकल यात्राएँ बहुत महँगी हो गई हैं। अगर कोई आस्ट्रेलिया जाकर दो-तीन महीने की कोई टेस्ट शृंखला कवर करने की सोचे, तो कम-से-कम दो-तीन लाख रुपए खर्च होने की सम्भावना रहेगी। इसलिए खेल पत्रकार के मन में यह बात तो रहती ही है जब उस पर इतना खर्च किया जा रहा है तो उसका यह कर्त्तव्य है कि उसकी रिपोर्टिंग विचारोत्तेजक व शोधपूर्ण हो।

दूसरी बात उसे यह भी ध्यान रखनी चाहिए कि कई समाचार एजेंसियाँ व

खेल पत्रकार उन्हीं घटनाओं को कवर करनेवाले हैं। अतः उसकी रिपोर्टिंग में एक अलग अन्दाज व चुटीलापन होना चाहिए। उसे यह भी ध्यान रखना चाहिए कि उसे सामान्य से अलग एक विशेषज्ञ मानकर ही भेजा गया है। जिसके कारण उस पर इतना खर्च किया जा रहा है। पाठकों की अपेक्षाएँ भी उसके प्रति बढ़ी-बढ़ी होती हैं उसे उन अपेक्षाओं पर खरा उतरना होता है। विदेश यात्राएँ ही नहीं बल्कि देश में होनेवाली महत्त्वपूर्ण अन्तर्राष्ट्रीय स्तर की स्पर्धाओं के लिए भेजे जानेवाले खेल-पत्रकारों की जिम्मेदारी भी इसी कारण बढ़ी हुई होती है।

जब आप विदेश जाते हैं या देश में ही कोई बड़ी व महत्त्वपूर्ण अन्तर्राष्ट्रीय स्पर्धाएँ 'कवर' करते हैं तो आपको अपना नजरिया दो तरह से तय करना चाहिए। स्वयं इन परिस्थितियों से गुजरने के कारण मैं अपने अनुभव के बूते पर सलाह दूँगा कि एक तो आपकी निगाह खेल के वास्तविक मुद्दों पर रहनी ही चाहिए। आपको खेल के तमाम तकनीकी मुद्दों, खिलाड़ियों के मनोबल, उनकी सम्भावित खेल योजनाओं के बारे में विस्तार से लिखना चाहिए। खिलाड़ियों से दोस्ताना सम्बन्ध बना लेने का प्रयास करना चाहिए। इससे आप उनसे नियमित रूप से मिलजुल सकेंगे। उनके मन में विभिन्न परिस्थितियों में उठनेवाले विचारों से भी आप अवगत हो सकेंगे। तब आप खिलाड़ियों के प्रयासों को ज्यादा गहराई के साथ प्रकट कर पाएँगे। इस गहराई भरे लेखन में वास्तविकता का पुट ज्यादा होगा। इसीलिए ऐसा लेखन ज्यादा विश्वसनीय कहलाएगा।

पर इस बात का हमेशा ध्यान रखिए कि कोई खिलाड़ी अगर आपके दोस्ताना व्यवहार का कायल होकर आपको अपनी कमजोरियाँ बताता है, तो आप उसे अपने दिल में ही रखें। उसे लिखकर सार्वजनिक करने का प्रयास न करें। खासकर ये कमजोरियाँ अगर खेल से सम्बन्धित न हो तो उन्हें कदाचित सार्वजनिक न करें। इससे खिलाड़ियों से आपके सम्बन्ध ज्यादा आत्मीय हो जाएँगे और भविष्य में वे कई 'स्कूप' आपको देने लगेंगे। आपका उद्देश्य यही होना चाहिए कि आपको ऐसी खबरें वास्तविक स्रोत से मिलने लगें, जो अन्य किसी को न मिलती हों।

वास्तविक खेल तो आप देखते ही हैं, फिर अगर आपको खिलाड़ियों, टीम के मैनेजर आदि के दृष्टिकोण भी मालूम पड़ते हैं, तो आपकी भेजी गई खबरें अन्य पत्रकारों के मुकाबले ज्यादा दिलचस्प बन पडेंगी। मुझे याद है वह ऐतिहासिक मद्रास टेस्ट, जिसमें अकेले नरेन्द्र हिरवानी ने 16 विकेट लेकर शक्तिशाली वेस्टइंडीज को हारने पर मजबूर कर दिया था। मैच के निर्णायक दिन के पहले

की रात नरेन्द्र हिरवानी होटल की लॉबी में घूम रहे थे। मैंने पूछा कि कल भारत के रास्ते में सबसे बड़ी रुकावट विवियन रिचर्ड्स को कैसे नतमस्तक किया जाएगा ? हिरवानी ने विश्वास के साथ कहा, ''उसे तो मैं सँभल लूँगा।'' अगले दिन रिचर्डस् को हिरवानी ने एक शानदार फ्लीपर के जरिये बोल्ड कर दिया और भारत की आश्चर्यजनक आसान जीत का मार्ग प्रशस्त हो गया। हिरवानी से उस मुलाकात ने ऐसा दिलचस्प तत्त्व दिया था, जिससे रिपोर्टिंग या कमेंटरी में रोमांस पैदा हो गया।

यात्रा-संस्मरणों में रात्रि-भोज की घटनाएँ या अधिकृत व अनाधिकृत सम्भावनाएँ काफी स्थान पा सकती हैं। अगर भारत की क्रिकेट टीम किसी अन्य देश में टेस्ट मैच खेल रही है, तो शाम की पार्टियाँ काफी रौनक भरी हो सकती हैं। क्रिकेट के सुपर सितारे किस तरह की पोशाकें पहनते हैं, किनसे बातचीत करते हैं। उनकी बातचीत का विषय क्या होता है, उनका लहजा क्या होता है, उनकी प्रेमिकाएँ मौजूद थीं या नहीं, टीम के कप्तान या मैनेजर ने अधिकृत भाषण किस प्रकार का दिया, उनका मजाक करने का तरीका कैसा है, उनका व्यवहार कैसा होता है, क्रिकेट मैदान से बाहर क्रिकेट के सितारे बुद्धिमान लगते हैं या नहीं–ये तमाम सवाल ऐसे हैं, जो सामान्य पाठकों के मन में उठते रहते हैं। अगर उन्हें इन रुचिकर सवालों के दिलचस्प उत्तर मिल जाते हैं तो आप उनके लोकप्रिय लेखक बन जाएँगे। आपके लेखों की उन्हें प्रतीक्षा बनी रहेगी।

खेलों से सम्बन्धित यात्रा-संस्मरण लिखते वक्त निम्नलिखित बातें ध्यान में रखिए :

(1) खेलों से सम्बद्ध खिलाड़ियों, मैदानों व उन शहरों का इतिहास दें जहाँ मैच खेले जानेवाले हों। इससे आपकी रिपोर्टिंग शोधूपर्ण व तथ्यपरक लगेगी।
(2) खेल अधिकारियों व खिलाड़ियों के हमदर्द बनने का प्रयास करते रहिए। इससे खिलाड़ियों का दर्द समझने का अवसर मिलेगा।
(3) किसी खिलाड़ी के लिए पक्षपातपूर्ण लेखन न करिए। इससे आपकी विश्वसनीयता जाती रहेगी।
(4) खिलाड़ियों की दिनचर्या, उनसे मिलनेवाले लोगों व उनके कार्यकलापों पर पैनी नजर रखिए। पर किसी के व्यक्तिगत मामलों में दखल न दीजिए।
(5) बिना माँगे कोई सलाह न दीजिए।
(6) विदेश यात्राओं के दौरान किसी खिलाड़ी या किसी अधिकारी से पैसे उधार मत लीजिए। इससे आपकी निष्पक्ष सोच पर असर पड़ेगा व

आपकी इज्जत भी कम होगी।

(7) यह ध्यान रखिए कि आपके बिना खिलाड़ियों का काम तो हो सकता है, पर उनके बिना आपका मकसद पूरा नहीं हो सकता।

(8) खिलाड़ियों के आपसी वार्तालाप के वक्त भी अपने कान तेज रखिए।

(9) अपने देश की टीम के खिलाड़ियों व अधिकारियों का दृष्टिकोण तो जानिए ही, विपक्षी टीम के मैनेजर व उनके खिलाड़ियों के नजदीक जाने का भी प्रयास कीजिए। इससे आपको एक ही घटना के दो दृष्टिकोण प्राप्त हो सकेंगे। तब आप निष्पक्ष रिपोर्ट भेज सकेंगे।

14
प्रस्तावित आचार संहिता

खेल पत्रकारों की अपनी एक बड़ी जिम्मेदारी है। खिलाड़ी राष्ट्रीय स्वास्थ्य के प्रतीक होते हैं। उनकी प्रतिभा राष्ट्रीय गौरव को बढ़ाती है। अतः खेल व खिलाड़ियों के बारे में लिखनेवाले खेल पत्रकारों के लिए ये चीजें बहुत जरूरी हैं : (1) बद्धिमानी, (2) वस्तुपरकता, (3) सत्यबयानी व (4) न्यायपूर्ण व पक्षपात रहित लेखन।

खेल घटनाओं को जानना आम लोगों का अधिकार होता है और समाचार माध्यमों का कर्त्तव्य भी यही है कि उनका अधिकार उन तक सही रूप में पहुँचाएँ। इससे खेलकूद के स्तर व सामान्य वातावरण में सुधार होता। वे खेल पत्रकार जो अपने प्रतिष्ठित पेशे का दुरुपयोग करके व्यक्तिगत हित-साधन करते हैं, सामान्य आचार संहिता का अतिक्रमण तो करते ही हैं, विश्वसनीयता भी खो देते हैं।

भारत एक स्वतन्त्र समाज है। इसमें विचारों को प्रकट करने की पूरी आजादी है। भले ही आपके सत्य लेखन से किसी वर्ग विशेष को बुरा लगे, पर आपको

अपने कर्त्तव्य से नहीं डिगना चाहिए।

अतः खेल पत्रकारों को चाहिए कि सत्य जानने के आम लोगों के अधिकारों का हनन न हो। अतः हर नए खेल पत्रकारों को आचार संहिता के निम्नलिखित आचार नियमों का पालन करना चाहिए :

—ईनाम, मुफ्त यात्रा, विशिष्ट मेहमाननवाजी आदि स्वीकार न करें। कोई भी कीमती उपहार स्वीकार करने के बाद आप निष्पक्ष कैसे रह सकेंगे ?

—एक पत्रिका या अखबार में काम करते हुए छद्म नाम से किसी और जगह लिखना या नौकरी कर लेना जायज नहीं है। किसी संस्था के पदाधिकारी का पद भी नहीं लेना चाहिए, क्योंकि इससे आप पक्षपाती हो जाएँगे। खेलगत राजनीति में स्वयं नहीं पड़ना चाहिए। बल्कि खेलों के व्यापक हितों की रक्षा के लिए इस तरह की राजनीति का जमकर विरोध करना चाहिए।

—किसी भी ऐरे-गैरे से खबर प्राप्त करके छाप देने की प्रवृत्ति से बचना चाहिए।

—तमाम कठिनाइयाँ रास्ते में आएँ तो भी सत्य खबर प्राप्त करने की लगातार कोशिश की जानी चाहिए।

—सूचनाएँ प्राप्त करने के खास स्रोत का हमेशा बचाव करना चाहिए।

सच्चाई व वस्तुपरकता

सार्थक खेल पत्रकारिता के लिए लोगों का विश्वास प्राप्त करना बहुत जरूरी है। पर आज भारत की हिन्दी खेल पत्रकारिता में हम अकसर इसी विश्वास का संकट महसूस करते हैं। फिर भी निम्न बातें ध्यान रखनी चाहिए :

—सच्चाई की तह तक पहुँचना खेल पत्रकारों का अन्तिम उद्देश्य होता है।

—वस्तुपरकता खेल पत्रकारिता का एक और सार्थक उद्देश्य होता है।

—गलत बयानी व अव्यवस्थित लेखन को माफ नहीं किया जा सकता।

—अखबार के शीर्षक अन्दर के विवरण से मेल खाते हुए होने चाहिए।

—खेलों के विवरण केवल तथ्यों पर आधारित होने चाहिए। एक पक्ष की ओर झुक जाना, विश्सनीयता खोने के बराबर है। किसी भी मुद्दे के सभी पक्षों को सन्तुलित ढंग से प्रस्तुत किया जाना चाहिए।

—खेल सम्पादकीय भी पक्षपातरहित होने चाहिए।

—उन्हीं लोगों की खबरें, लेख या फीचर छापने चाहिए, जो विश्वसनीय हों।

—विशेष लेखों के लेखकों का वक्तव्य उसी तरह से उनके नाम के साथ ही छाप देने चाहिए। किसी पर आक्रमण करते वक्त छद्म नामों का सहारा लेनेवाले व्यक्तित्वों को निरुत्साहित किया जाना चाहिए।

स्वस्थ नजरिया

खेल पत्रकारिता में ही अगर नजरिया स्वस्थ न हो, तो खेलों का स्वास्थ्य तो बिगड़ ही जाएगा। अतः सप्रमाण सत्य जाने बिना किसी का चरित्र हनन नहीं करना चाहिए। यह कलम की ताकत का दुरुपयोग कहा जाएगा।

—एकान्त में रहने के किसी के अधिकार का हनन नहीं करना चाहिए।

—खिलाड़ियों व खेल पदाधिकारियों के खेलों से अलग अन्य 'शौकों' की चर्चा में ज्यादा रस नहीं लेना चाहिए। आपको क्या लेना-देना अगर किसी क्रिकेट खिलाड़ी की किसी महिला से दोस्ती है ? केवल रोमांच व सनसनी पैदा करने के लिए किसी का नाम किसी के साथ जोड़ देने की प्रवृत्ति से बचना चाहिए। पर हाँ, उससे उनके खेल पर प्रभाव पड़ता हो तो जिक्र जरूर करना चाहिए।

—अपनी गलतियों को सुधार लेने में कोई मन मैला नहीं होता। किसी भी गलती को स्वीकार कर उसे छाप देना चाहिए।

—पाठकों, श्रोताओं व दर्शकों के साथ तादात्म्य स्थापित करने की चेष्टा करनी चाहिए। आपके प्रति उन्हें शिकायत है तो उसे ध्यान से सुनना चाहिए। उनकी शिकायत तभी तो है जब वे आपको ध्यान से पढ़ते हैं।

द्वितीय खंड

सुरेश कौशिक

21वीं सदी की खेल पत्रकारिता

इलेक्टॉनिक मीडिया का दखल पत्रकारिता के लिए चुनौती बन गया है। खेल भी इससे अछूता नहीं रहा है। खबरों की तुरन्त जानकारी, नेटवर्क के जरिये सम्बन्धित लोगों तक पहुँचने के साधन और तुरन्त विशेषज्ञों की टिप्पणी और लोगों की राय से इलेक्ट्रॉनिक मीडिया ने अखबारों को पीछे छोड़ दिया है। लेकिन फिर भी जीवन की व्यस्तता और तेजी के चलते ऐसे लोगों का प्रतिशत भी काफी है जो टेलीविजन ज्यादा समय नहीं देख पाते। उन्हें समाचारों के लिए अखबारों का सहारा लेना ही पड़ता है।

हर अखबार का खबरें पेश करने का अपना अन्दाज है, शैली है। पर समानता सभी में काफी रहती है। सभी अखबारों में राजनीति, देश-विदेश, सिनेमा, वाणिज्य और खेल की खबरें पढ़ने को जरूर मिलती हैं।

खेल हमारे जीवन का आवश्यक अंश रहा है। शायद ही कोई ऐसा मनुष्य होगा जिसका बचपन में खेलों से वास्ता नहीं रहा होगा। बैट-बाल, चिड़ी-छिक्का जैसे खेलों में सभी ने हाथ दिखाए होंगे। इन्हीं खेलों को पन्ने में सजाना अब खेल पत्रकारों के लिए बड़ी चुनौती बनता जा रहा है। खासतौर से हिन्दी खेल पत्रकारों

के लिए।

हिन्दी राष्ट्र की मातृभाषा होने के बावजूद अंग्रेजी अखबारों के सामने दोयम दर्जे की होकर रह गई है। सुविधाओं के अभाव में अपेक्षा यह की जाती है कि हिन्दी के खेल पत्रकार खबरों के मामले में अंग्रेजी अखबारों से टक्कर लें। लेकिन जब खेल डैस्क पर काम करनेवालों की संख्या का मुद्दा उठता है तो उसे नजरअंदाज कर दिया जाता है। अंग्रेजी अखबारों के खेल पत्रकारों की तुलना में हिन्दी अखबारों में खेल डैस्क पर काम करनेवालों की संख्या करीब आधी रहती है। यह हाल उन बड़े संस्थानों का भी है जो अंग्रेजी और हिन्दी दोनों भाषाओं में अखबार निकालते हैं।

खैर, अखबारों ने खेल मेज की लोकप्रियता को पहचाना है। खेल की खबरों के लिए पेज बढ़ाए गए हैं, अच्छे और रंगीन फोटो लगाए जा रहे हैं, ताजा जानकारी दी जा रही है, विश्व स्तरीय प्रतियोगिताओं के लिए विशेष सामग्री जुटाई जाने लगी है और खेल पन्ने को पठनीय और रोचक बनाने का प्रयास किया जा रहा है। अंग्रेजी अखबारों की तरह हिन्दी के पाठकों के लिए अब आँकड़े उपलब्ध करवाए जाने लगे हैं। सबसे अहम बात यह है कि खेल की खबरों को प्रथम पृष्ठ पर भी स्थान मिलने लगा है।

खेल पन्ने को मूलतः तीन भागों में बाँटा जा सकता है–रिपोर्टिंग, डैस्क वर्क और पेज मेकिंग। फीचर लेखन इससे अलग है।

रिपोर्टिंग

इलेक्ट्रॉनिक मीडिया के दबदबे के बीच खेल रिपोर्टिंग अब काफी महत्त्वपूर्ण हो गई है। मैचों के मैदान से सीधे प्रसारण से लोग खेल का ज्यादा लुत्फ उठाने लगे हैं। उसी मैच, जिसे लोग टेलीविजन पर देख चुके हैं, को अखबार के पाठकों के लिए दिलचस्प अन्दाज में पेश करना संवाददाताओं के लिए चुनौती बन गया है। मैच की सीधी रिपोर्टिंग के साथ अब पाठक वर्ग कुछ विशेष भी चाहता है। इसीलिए अब प्रयास होने लगे हैं कि किसी भी मैच की रिपोर्टिंग या बड़ी खेल प्रतियोगिताओं में एक से ज्यादा खेल संवाददाता रहें। खासतौर से क्रिकेट में।

लोगों की दिलचस्पी और खेल की लोकप्रियता के मद्देनजर क्रिकेट पर अब ज्यादा ध्यान दिया जाने लगा है। बड़े नामों और ख्याति प्राप्त खिलाड़ियों के कॉलम के लिए भी अखबारों में होड़ होने लगी है। कोई गावस्कर की टिप्पणी तो

कोई हर्ष भोगले, इयन चैपल, रवि शास्त्री या दूसरे जानेमाने खिलाड़ियों को अपने अखबार में जगह देकर पाठकों को आकर्षित कर रहा है।

किसी भी खेल की रिपोर्टिंग करते हुए सबसे महत्त्वपूर्ण है खेल के नियमों की जानकारी का होना। नियमों की सही जानकारी नहीं होने पर आप खेल के संचालन में होनेवाली गलतियों को पाठकों के सामने नहीं ले जा सकते। हॉकी में 'हरा' कार्ड, फुटबॉल में लाल और पीले कार्ड किस वजह से दिखाया जाता है, यह पता होना चाहिए। अगर किसी भी बारे में कोई सन्देह हो तो उसे दूर करने में हिचकिचाहट नहीं दिखानी चाहिए। मैच के बाद रेफरी या अम्पायर से बातचीत कर भी शंका का समाधान किया जा सकता है। अगर खेल में कोई विवाद उठता है तो भी सम्बन्धित अधिकारियों से बातचीत की जानी चाहिए।

विवादास्पद खबर पर हर पक्ष से सीधी बातचीत कर स्थिति को स्पष्ट करने की कोशिश होनी चाहिए। ऐसा देखा गया है कि कुछ खेल संवाददाता किसी मामले को उछाल तो देते हैं लेकिन रिपोर्टिंग एकपक्षीय करते हैं। फिर एक-दूसरे के आरोप-प्रत्यारोप को छापते रहकर मुद्दे को कहानी का रूप दे देते हैं जो गलत है।

कवरेज किसी भी गेम की हो, संवाददाता को उसके लिए पूरी तरह तैयार होकर जाना चाहिए। खबर लिखते समय सबसे पहले जरूरी है मैच का परिणाम देना। ध्यान रहे, पाठक कोई भी खबर पढ़ते हुए सबसे पहले यही जानना चाहता है कि नतीजा क्या रहा।

अपनी रपट को ज्यादा दिलचस्प बनाने के लिए मैच में शानदार प्रदर्शन करनेवाले खिलाड़ियों की टिप्पणी, कप्तानों की नजर से हार-जीत की वजह जैसे मुद्दों को छूना चाहिए।

अगर आप क्रिकेट मैच कवरेज कर रहे हैं तो आपको खिलाड़ियों की पोजीशनिंग, अम्पायरों के इशारों, गेंदबाजी के तौर-तरीकों के बारे में पता होना चाहिए। वैसे क्रिकेट की कवरेज समय के साथ-साथ ज्यादा आसान हो गई है। हर मैच में स्कोर और आँकड़ेबाज की मौजूदगी से बनने-टूटनेवाले कीर्तिमानों की जानकारी मिलती रहती है। साथ ही टीवी पर नजर रखकर भी अपने सामान्य खेल ज्ञान को बढ़ाया जा सकता है।

यों अच्छी रिपोर्टिंग इस बात पर काफी निर्भर करती है कि संवाददाता के पास समय कितना है। आमतौर पर अंग्रेजी अखबार के संवाददाताओं को तो एक ही काम करना पड़ता है–रिपोर्टिंग या डैस्क वर्क पेज बनाना, लेकिन हिन्दी

अखबारों के पास संख्या सीमित होने के कारण रिपोर्टिंग और डैस्क वर्ग दोनों ही तरह की जिम्मेदारियाँ निभानी पड़ती हैं। इसलिए अक्सर उनको मैच के बाद होनेवाली घटनाओं को नजरअंदाज करना पड़ता है।

डैस्क वर्क-डैस्क की जिम्मेदारी सँभालनेवाले उपसम्पादक को संवाददाताओं की खबरों और हिन्दी एजेंसी की खबरों का सम्पादन करना पड़ता है। साथ अंग्रेजी एजेंसियों द्वारा भेजी गई खबरों का अनुवाद करना पड़ता है। देश-विदेश की खबरों में से यह चुनना होता है कि कौन-सी खबर अपने देश के खेल प्रेमी पाठकों के लिए महत्त्वपूर्ण है। खबर कितनी महत्त्वपूर्ण है, उस हिसाब से उसे छोटा या बड़ा बनाया जाता है।

आमतौर पर अखबार में तीन संस्करण रहते हैं। डाक संस्करण—दूर दराज इलाकों में जाता है। प्रभात संस्करण कम दूरी वाले राज्यों में जबकि नगर संस्करण शहर और आस-पास के राज्यों में भेजा जाता है।

नगर संस्करण में नगर में होनेवाले खेलों की खबरों को महत्त्वपूर्ण स्थान दिया जाता है। कोशिश यही रहती है कि इसमें पाठकों को ताजा जानकारी मिल सके। देखना यह भी होता है कि इसके अलावा देश के खिलाड़ी या टीमें किसी अन्तर्राष्ट्रीय प्रतियोगिता में तो नहीं खेल रहीं, उदाहरण के तौर पर विश्वनाथ आनन्द किसी बड़े शतरंज टूर्नामेंट में खेल रहे हों तो उस प्रतियोगिता को विशेष स्थान मिलेगा ही। इसी तरह क्रिकेट, फुटबाल, हॉकी और दूसरे खेलों को भी प्राथमिकता मिलती है।

लेकिन कबड्डी, बालीबाल, वेटलिफ्टिंग, जैसे कुछ ऐसे भी खेल हैं जिनमें खबरों को उतनी प्राथमिकता नहीं दी जाती जितनी इन्हें मिलनी चाहिए। वैसे खेल की लोकप्रियता और पाठकों की रुचि के हिसाब से भी तय किया जाता है कि किस खबर को कितनी अहमियत दी जाए। चूँकि भारत में क्रिकेट लोकप्रिय है, इसलिए उसे प्रमुखता देनी पड़ती है।

डाक संस्करण या प्रभात संस्करण में उसी राज्य से सम्बन्धित समाचारों को प्रमुखता देने का प्रयास किया जाता है, जिन राज्यों में यह संस्करण जाता है। देश-विदेश के महत्त्वपूर्ण समाचार तो जाते ही हैं। राष्ट्रीय स्तर के अखबारों के लिए राज्य स्तर के समाचारों को छाप न सकने की भी मजबूरी रहती है। यही वजह है कि क्षेत्रीय अखबारों की अपनी अहमियत बनी है, उसका अपना विशेष पाठक वर्ग है।

यों अंग्रेजी अखबार विदेशी खेल खबरों को काफी प्रमुखता देते हैं। इनमें

गोल्फ, टेनिस, काउंटी क्रिकेट, मुक्केबाजी प्रमुख हैं। लेकिन ज्यादातर हिन्दी अखबार स्थान की कमी के कारण अपने देश के समाचारों को ही प्रमुखता देते हैं। क्षेत्रीय अखबारों की तो राज्य स्तरीय खबरों को भी महत्त्व देना होता है।

खेल पत्रकारिता के पेशे से उसी को जुड़ना चाहिए जिसकी खेलों में रुचि और पकड़ हो। खेल अज्ञानता कई बार मजाक का विषय भी बन जाती है। दिल्ली के एक प्रतिष्ठित अखबार में कोई दो दशक पूर्व खेल डैस्क पर एक ऐसे व्यक्ति को थोप दिया गया जिसका खेल ज्ञान जीरो था उस महाशय ने कोलकाता की मशहूर टीम ईस्ट बंगाल का ही अनुवाद कर दिया 'पूर्वी बंगाल विजयी' शीर्षक के साथ यह खबर अखबार में छप भी गई।

पेज मेकिंग

खबरों के चयन के बाद बारी आती है पेज सजाने की। पेज सज्जा इस बात पर काफी निर्भर करती है कि आपके पास किस तरह की खबरें और फोटोग्राफ हैं। खेल की लोकप्रियता और खबर की महत्ता को देखते हुए ही तय किया जाता है कि लीड किस खबर को बनाया जाए और फोटो कौन-सी ली जाए। किसी दिलचस्प या महत्त्वपूर्ण खबर को बॉक्स में लेकर भी पेज को आकर्षक बनाया जा सकता है।

कंप्यूटर के आने से पेज मेकअप अब ज्यादा आसान हो गया है। अब शीर्षक को कई तरीकों से छोटा-बड़ा किया जा सकता है। कंप्यूटर से एक और फायदा यह हुआ है कि आप किसी खिलाड़ी, टीम, देश, खेल और आँकड़ेबाजी से पाठकों को नई और अनोखी जानकारी दे सकते हैं।

कंप्यूटर से समय की काफी बचत हुई है। आप सीधे ही खबर को कम्पोज कर सकते हैं और उसे पेज में लगा सकते हैं। इससे खबर के कम्पोजिंग के लिए जाने और बनकर आने का समय बचा है।

कंप्यूटर से दूसरे केन्द्रों से खबरों को जल्दी लिया जा सकता है। अब तो कंप्यूटर पर पेज बनने के बाद उसे सीधे ही अखबार के दूसरे केन्द्रों को भेजा जाने लगा है। पर इसका एक नुकसान भी हुआ है जहाँ क्षेत्रीय संस्करणों का काम आसान हुआ है, वहीं मुख्य केन्द्र पर दबाव बना है। दूसरे केन्द्रों में व्यक्तियों की संख्या में कटौती की जाने लगी है। खासतौर से हिन्दी अखबारों में।

अखबारों में फ्रेंचाइज प्रथा भी शुरू हो गई है। अखबार मालिकों को यह

माफिक आ रहा है। उन्हें करना कुछ नहीं होता। और पैसा ठीक-ठाक मिलता रहता है। सिर्फ किसी दूसरे व्यक्ति को अखबार के नाम का इस्तेमाल करने की इजाजत देनी होती है। तालमेल बनाकर पेज भेज दिए जाते हैं। फ्रेंचाइज से अखबार जिस शहर से निकलता है, वहाँ की खबरों के लिए कुछ संवाददाता और उपसम्पादक रख लिए जाते हैं।

सिंडिकेटेड कॉलम

नामी खिलाड़ियों के नाम से सिंडिकेटेड कॉलम छपना अब आम बात हो गई है। चूँकि प्रबन्धन चाहता है, इसलिए यह जानते हुए भी कि ज्यादातर खिलाड़ी खुद न लिखकर किसी खेल पत्रकार को ही हिस्सा देकर लिखवा देते हैं, हम विरोध नहीं कर पाते। ऐसे कॉलम सस्ते में उपलब्ध हो जाते हैं और उसमें किसी कम्पनी का लोगो वगैरह लगाकर प्रबन्धन जितना पैसा देता है, उससे कहीं ज्यादा इस जरिए से कमा लेता है।

आँचलिक अखबारों की स्थिति तो बहुत ही खराब है। उसमें यह निश्चित ही नहीं रहता कि खेल डैस्क पर काम करनेवाले को कब किसी डैस्क पर भेज दिया जाए। पूर्णकालिक खेल सम्पादक या खेल संवाददाता नाममात्र के हैं। पूर्णकालिक खेल सम्पादक या संवाददाता की जगह प्रबन्धन को तीन या चार अंशकालिक संवाददाता रखना ज्यादा बेहतर लगता है। पैसा भी कम देना पड़ता है और काम भी ज्यादा हो जाता है।

चेन्नई से छपनेवाले 'द हिन्दू' और दो-तीन अखबारों को छोड़ दीजिए तो खेल पत्रकारों की स्थिति उतनी अच्छी नहीं है। राज्य स्तरीय हो या राष्ट्रीय स्तरीय, या फिर अन्तर्राष्ट्रीय प्रतियोगिता, 'द हिन्दू' खेल की कवरेज में हमेशा अग्रणी रहता है। इसके पीछे यह तर्क दिया जा सकता है कि उसे अपनी अंग्रेजी खेल पत्रिका 'स्पोर्टस्टार' के लिए भी मौके पर कवरेज के लिए अपने संवाददाता को जरूर भेजना पड़ता है। खेल पत्रिकाएँ वहीं सफल रहती हैं जिनमें मौके पर कवरेज, विशेष इंटरव्यू इत्यादि रहते हैं।

मौके पर कवरेज का अभाव होने के कारण ही 'टाइम्स ऑफ इंडिया' जैसे बड़े समूह की हिन्दी खेल पत्रिका 'खेल भारती' को कुछ वर्षों के अन्दर ही 'बन्द' करना पड़ा। इन्दौर से निकलनेवाली 'खेल हलचल' की स्थिति भी कोई बहुत बेहतर नहीं है।

दरअसल अपने यहाँ क्रिकेट ही ज्यादा पढ़ा जाता है और क्रिकेट के सुपर स्टारों की मुखपृष्ठ पर तस्वीरें और पोस्टरों से ही पत्रिकाएँ ज्यादा बिकती हैं। दूसरे खेलों के प्रति पाठकों की दिलचसपी खास नहीं रहती है। यही वजह है कि हर खेल का सन्तुलन बनाकर बीते वर्षों में छापनेवाली पत्रिकाओं का अस्तित्व नहीं रहता।

इसे देखते हुए ही 'खेल सम्राट' के नाम से शुरू हुई पत्रिका ने अपना स्वरूप और नाम बदल लिया। पत्रिका अब 'क्रिकेट सम्राट' के नाम से चल रही है और कुछ समय पहले ही इसने अपनी रजत जयंती मनाई है। 'क्रिकेट भारती' और क्रिकेट टुडे' भी ठीक चल रही हैं। 'क्रिकेट वर्ल्ड' और 'क्रिकेट युग' जैसी पत्रिकाओं को स्तरीय लेखों के नहीं रहने से दम तोड़ना पड़ा।

'इंडिया टुडे', 'आउट लुक' और 'द वीक जैसी पत्रिकाएँ जो हर क्षेत्र को कवर करती हैं, ने भी खेल की महत्ता को पहचाना है। इन पत्रिकाओं में खेलों के लिए पन्ने तय हैं और इनके अपने खेल रिपोर्टर भी हैं। 'इंडिया टुडे' ने तो अपनी महिला खेल पत्रकार को क्रिकेट विश्व कप की कवरेज के लिए दक्षिण अफ्रीका भी भेजा है।

फीचर लेखन

दो दशक पहले 'जनसत्ता' अखबार द्वारा खेल पर विशेष फीचर पन्ने की शुरुआत हुई थी। इस खेल पन्ने की खासियत यह थी कि एक ही मुद्दे पर पूरा पेज समर्पित रहता था। यह पन्ना लगभग एक दशक तक काफी लोकप्रिय रहा। लेकिन सम्पादकीय नीतियों के तहत इसे बन्द कर दिया गया।

'जनसत्ता' ने तो इसे बन्द कर दिया लेकिन कुछ दूसरे अखबारों ने खेलों पर फीचर पेज देने की परम्परा शुरू की। एक समय ऐसा भी आया जब हर हिन्दी अखबार खेल पर पूरे पेज के लेख देने लगा। इनमें से कुछ ने बन्द कर दिए। कुछ अभी भी जारी हैं।

रेडियो, टीवी का खास असर नहीं

कोई पाँच दशक पहले जब खेल की बड़ी स्पर्धाओं का पहली बार रेडियो पर सीधा प्रसारण हुआ था तो खेल पत्रकारों को यह चिन्ता सताने लगी थी कि कहीं इससे लोगों की खेल में दिलचस्पी कम नहीं हो जाए, लेकिन ऐसा कुछ नहीं हुआ बल्कि

तब से लोगों की खेलों में दिलचस्पी बढ़ी है। टेलीविजन के आने से भी लोगों का खेल के प्रति रुझान बढ़ा है। महिलाओं की खेलों में दिलचस्पी बढ़ी है और काफी संख्या में वे भी अब खेल लेखों की पाठक बनी हैं।

इसी तरह इलेक्ट्रॉनिक मीडिया की जबर्दस्त घुसपैठ से भी यह आशंका बनी थी कि इससे अखबारों की प्रसार संख्या पर असर पड़ेगा लेकिन इसके विपरीत अखबारों की प्रसार संख्या तो बढ़ी ही है, उन पर और दबाव भी बनने लगा है। *हिन्दुस्तान टाइम्स* और *टाइम्स ऑफ इंडिया* जैसे बड़े अखबारों के लिए तो खबर भेजने की समय सीमा भी तय हो गई है। पेज छोड़ने का समय जल्दी कर दिया गया है ताकि अखबार लेट न हो और समय पर निकल जाए। इसका असर यह हुआ कि विस्तृत तौर पर ताजा खबर से पाठकों को वंचित होना पड़ता है और कम प्रसार संख्या वाले अखबार ताजा जानकारी देकर बाजी मार लेते हैं।

पैसा कमाने के चक्कर में अखबार अपनी जिम्मेदारियों से दूर होते जा रहे हैं। सन् 50 के दशक में वह समय भी था जब दिल्ली के सभी बड़े अखबार स्थानीय प्रतियोगिताओं को काफी महत्त्व देते थे। बड़ी-बड़ी खबर और फोटो छपते थे। संवाददाता इन मैचों की कवरेज के लिए मौजूद रहते थे।

लेकिन आज बहुत कम संवाददाता ऐसे हैं जो छोटी प्रतियोगिताओं को कवर करते हैं। इनमें से भी अधिकांश हिन्दी अखबारों के संवाददाता रहते हैं। बड़े अखबारों यानी अंग्रेजी के अखबार की बेरुखी तो ऐसी है कि आयोजकों द्वारा भेजी जानेवाली विज्ञप्ति को भी वे एक पैरे पर निबटा देते हैं। जो खबर पाँच दशक पहले तक अखबार की लीड तक बनती थी, उसके लिए अखबारों के पास अब स्थान नहीं।

इसके विपरीत गोल्फ में टाइगर वुड्स क्या कर रहा है, टेनिस प्रतियोगिता में क्या हो रहा है, इंग्लिश प्रीमियर फुटबाल लीग, इतालवी फुटवाल लीग, बॉक्सिंग जैसे विदेशी समाचार अखबारों में सुर्खियों से छपने लगे हैं–खासतौर से अंग्रेजी अखबारों में।

राज्य स्तरीय ही नहीं तब दिल्ली विश्वविद्यालय अन्तर कॉलेज खेलों को भी अखबारों में प्रमुखता से छापा जाता था। लेकिन आज स्थिति यह है कि इन्हीं एक-दो अखबारों में कभी-कभार कॉलेज या स्कूली खेलों के बारे में पढ़ने को कुछ मिल जाता है। इसमें अखबारों के साथ-साथ दिल्ली विश्वविद्यालय के खेल अधिकारी भी दोषी हैं। वे भी अखबारों को सही ढंग से सूचना भिजवाना अपना कर्त्तव्य नहीं समझते।

खेल पत्रकारिता का शिक्षण तो शायद कहीं नहीं हो रहा। इन्दौर में शुरू हुआ था लेकिन दो साल बाद ही बन्द हो गया। खेल पत्रकारिता में तो अब सम्मानजनक परिश्रमिक है और न ही ज्यादा रोजगार के अवसर। छह-सात हजार रुपए महीने पर आदमी को नौकरी पर रखा जा रहा है। ऐसे में यह सवाल उठता है कि क्या वह ईमानदारी से नौकरी करेगा ?

सरकारी स्तर पर खेलों को खिलाड़ियों व प्रशिक्षकों को पुरस्कृत किया जा रहा है। लेकिन खेल पत्रकारिता के लिए न केन्द्र पुरस्कृत करता है और न ही राज्य सरकार। फिल्म पत्रकारिता, खोजी पत्रकारिता और नगर की रिपोर्टिंग करनेवाले तो पुरस्कृत हो जाते हैं पर खेल पत्रकार नहीं।

इनसे तो भारतीय क्रिकेट कंट्रोल बोर्ड ही अच्छा है जिसने कम से कम खेल पत्रकार के योगदान को सराहते हुए उसे नाचड अवार्ड से सम्मानित तो किया। 'टाइम्स ऑफ इंडिया' के पूर्व सम्पादक के.एन. प्रभु यह सम्मान पानेवाले खेल पत्रकार हैं। वे पहले पत्रकार हैं जिन्होंने क्रिकेट में सौ से ज्यादा टैस्ट कवर किए।

लेकिन जहाँ तक कवरेज का सवाल है, अंग्रेजी और हिन्दी के संवाददाताओं में अभी भी भेदभाव हो रहा है। एक ही संस्थान में अगर किसी बड़ी अन्तर्राष्ट्रीय प्रतियोगिता के लिए संवाददाता भेजने की बात होती है तो प्राथमिकता अंग्रेजी अखबार के संवाददाता को दी जाती है। अंग्रेजी अखबार से प्रबन्धन दो संवाददाता भेजने के लिए भी तैयार हो जाते हैं पर हिन्दी के खेल संवाददाता का दावा यह कहकर नकार दिया जाता है कि हिन्दी वाले अंग्रेजी संवादादाता की रिपोर्ट का अनुवाद कर सकते हैं। अब पत्रकारों को अनुबन्ध पर रखा जाने लगा है, इसलिए निकट भविष्य में हिन्दी खेल पत्रकारों की दशा सुधरने के आसार नजर नहीं आते।

●●●